oekom
verlag

Herausgegeben von oekom e.V. – Verein für ökologische Kommunikation

Dieses Buch wurde klimaneutral hergestellt.
CO_2-Emissionen vermeiden, reduzieren, kompensieren –
nach diesem Grundsatz handelt der oekom verlag.
Unvermeidbare Emissionen kompensiert der Verlag
durch Investitionen in ein Gold-Standard-Projekt.
Mehr Informationen finden Sie unter: www.oekom.de

ClimatePartner°
klimaneutral
Verlag | ID: 128-50040-1010-1082

Bibliografische Information der Deutschen Nationalbibliothek:
Die Deutsche Nationalbibliothek verzeichnet diese Publikation in der Deutschen
Nationalbibliografie; detaillierte bibliografische Daten sind im Internet
über http://dnb.d-nb.de abrufbar.

---

oekom verlag, Gesellschaft für ökologische Kommunikation mbH
Waltherstraße 29, 80337 München

Umschlaggestaltung, Layout und Satz: Lone Nielsen
Lektorat: Helena Obermayr, Anke Oxenfarth

Druck: Kessler Druck + Medien, Bobingen
Gedruckt auf 100% FSC-Recylingpapier (außen: Circlematt White; innen: Circleoffset White),
zertifiziert mit dem Blauen Engel (RAL-UZ 14)

ISBN: 978-3-96006-020-8

„Oh je, schon wieder ein runder Geburtstag!" „Toll, endlich wieder ein runder Geburtstag, das muss ordentlich gefeiert werden." – So unterschiedlich Jubilare mit wichtigen Wiegenfesten umgehen, so unterschiedlich beurteilen Verantwortliche aus Wissenschaft, Politik, Wirtschaft und Zivilgesellschaft die Zukunftsfähigkeit unserer Lebens- und Wirtschaftsweise. Deshalb bietet ihnen die *politische ökologie* seit drei Jahrzehnten ein lebendiges Forum für den Austausch über Fach- und Mentalitätsgrenzen hinweg.

Tatsächlich ist schwer abzusehen, ob das Glas mit der Aufschrift Nachhaltigkeit eher halb voll oder eher halb leer ist. Sicher aber ist, dass es überall auf der Welt mehr und mehr Menschen gibt, die sich nicht um theoretische Debatten kümmern, sondern einfach anfangen, anders zu leben. Wie alle Pioniere haben sie den Mut, ausgetretene Denk- und Handlungspfade zu verlassen, unliebsame Wahrheiten auszusprechen und unorthodoxe Lösungswege zu beschreiten.

Da Quer- und Vorausdenken in der *politischen ökologie* seit 30 Jahren Methode hat, heben wir in dieser Jubiläumsausgabe die halbvollen und die halbleeren Gläser und prosten bewundernd den Menschen zu, die das vorleben, wofür wir von Anbeginn publizistisch mit einer Mischung aus Leidenschaft, Sachverstand und Hartnäckigkeit eintreten: eine demokratische Gesellschaft, deren Mitglieder fair miteinander und mit der Natur umgehen. Wir stellen in 30 spannenden Geschichten zukunftsfähige Projekte vor. Sie stehen stellvertretend für viele ähnliche Initiativen des Wandels rund um den Globus. Bekannte Köpfe der Nachhaltigkeitsszene loten aus, was passieren muss, damit es diese tollen Ansätze endlich aus der Nische in den Mainstream schaffen. Lassen Sie sich überraschen und vor allem inspirieren, das Nachhaltigkeitsglas weiter zu füllen. – Na denn, Prost!

Anke Oxenfarth
oxenfarth@oekom.de

Inhaltsverzeichnis

Rubriken

Für die finanzielle Unterstützung danken wir:

Selbach Umwelt Stiftung

Ein Blick in unsere Geschichte

Verlegerisches

- _ **09/1987:** Jacob Radloff entwickelt aus dem Mitgliederrundbrief der Ernst Friedrich Schumacher-Gesellschaft für politische Ökologie e.V. die Fachzeitschrift *politische ökologie* (pö)
- _ **07/1990:** Ab pö 19 ist Jacob Radloff der alleinige Herausgeber, die Zeitschrift wird in seinem „Verlag für politische ökologie" verlegt
- _ **04/1999:** Ab pö 59 wird die Zeitschrift ein reines Themenheft, der aktuelle Teil „Spektrum" wandert in den neuen Umweltinformationsdienst *punkt.um*
- _ **09/2006:** Mit der pö 100 wird der gemeinnützige oekom e.V. – Verein für ökologische Kommunikation (oekom) e.V. Herausgeber der pö

POLITISCHE

Grafische Meilensteine

- _ **1989** (mit pö 16/17): Relaunch des Innenteils
- _ **1990** (mit pö 19): Cover-Relaunch, die Punktlinie hält Einzug
- _ **1996** (mit pö 44): Der Titel wird farbig auf weißem Grund
- _ **2000** (mit pö 65): Kompletter Relaunch, Einführung der Autorenfrage und Wechsel zum Euro-Format
- _ **2011** (mit pö 124): Wechsel zum buchähnlicheren Din-A5-Format

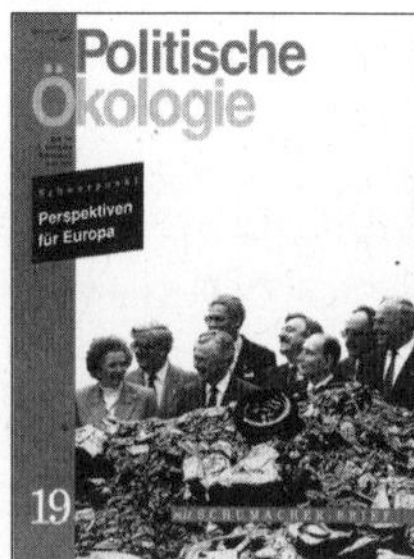

Frühe Vögel

_ **09/1990:** Die Zukunft der Ökonomie (Sohe 1)
_ **09/1992:** Ökologisch nachhaltige Entwicklung von Regionen (Sohe 4)
_ **01/1994:** pö 35 GENiale Zeiten
_ **09/1994:** Vorsorgendes Wirtschaften. Frauen auf dem Weg zu einer Ökonomie der Nachhaltigkeit (Sohe 6)
_ **09/1998:** pö 56 Endspurt. Die ökologische Steuerreform vor dem Durchbruch?
_ **04/1999:** Wa(h)re Wildnis (pö 59)
_ **06/1999:** Risiko (pö 60)
_ **09/2006:** Nanotechnologie (pö 101)
_ **03/2007:** Demografischer Wandel (pö 104)
_ **03/2010:** Geo-Engineering (pö 120)

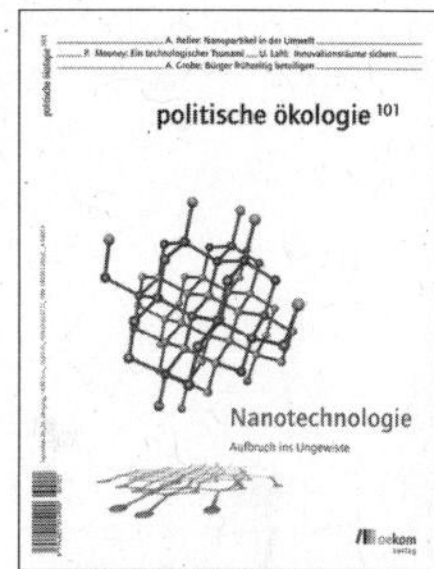

ÖKOLOGIE

Besondere Duftmarken

Zeit-Ökologie
_ **09/1995:** Zeit-Fraß (Sohe 8)
_ **01/1999:** Von der Zeitnot zum Zeitwohlstand (pö 57/58)
_ **02/2002:** Schöne freie Zeit (pö 75)

Rechte Ökologie
_ **11/1993:** Grün Heil (pö 34)
_ **12/2012:** Ökologie von rechts (pö 131)

Deutsche und Europäische Einigung
_ **10/1990:** Ökologische Bausteine für unser gemeinsames Haus Europa. (Sohe 2 in Deutsch, Englisch und Polnisch)
_ **06/1991:** Konzepte für eine Umweltgemeinschaft (Sohe 3)
_ **09/1991:** Umweltbilanz Deutschland (pö 23)
_ **05/1994:** Europa hat die Wahl (pö 37)
_ **12/2006:** Grünbuch Europa (pö 102/103)

Sohe = Sonderheft

Stimmen zur *politischen ökologie*

„Ohne die *pö* würde ein Medium fehlen, das Ökologie und Politik zusammenbringt und immer wieder als Nachschlagewerk dient.“

Martin Kaiser, Geschäftsführungsteam Greenpeace Deutschland

„Die *politische ökologie* trägt ihr Anliegen und damit ihre Unentbehrlichkeit im Titel. Darum schreibe ich gern für sie, und darum würde mir, gäbe es sie nicht, etwas Wichtiges fehlen.“

Dr. Manfred Linz, Wuppertal Institut

„Sie schafft das Unmögliche: den Schutz unserer natürlichen Lebensgrundlagen sowie dessen kulturellen, sozialen und politischen Rahmenbedingungen gleichzeitig wissenschaftlich fundiert, sprachlich verständlich und optisch ansprechend aufbereitet rüberzubringen!“

Prof. Dr. Hermann E. Ott, Senior Advisor für globale Nachhaltigkeits- und Wohlfahrtsstrategien

„Passt in jede Tasche, aber in keine Schublade. Die *pö* verhindert seit Jahren erfolgreich, dass es sich meine Meinung allzu einfach macht.“

Jörg Schmill, Sinnform AG

„Mir würde eine Plattform fehlen, die sich jenseits des flatterhaften Tagesgeschäftes erlaubt, über grundsätzliche Fragen der ökologischen Politik und damit der politischen Ökologie ohne unmittelbare Nutzanwendbarkeit und taktische Verwertbarkeit zu reflektieren.“

Sascha Müller-Kraenner, Bundesgeschäftsführer der Deutschen Umwelthilfe

„Ich schätze die Mischung aus Reflektion und Aktion, die thementreffsichere und umsichtige Redaktion, die Fragen an die Autor(inn)en und ihre Antworten, die die Hefte mit einer Prise Ironie und Lockerheit würzen – und die Beiträge, die Hoffnung aufs Gelingen bringen.“

Prof. Dr. Angelika Zahrnt, Ehrenvorsitzende des BUND

„Ohne die *pö* würden mir Schubser für den Kopf, sprich neue Perspektiven für scheinbar alte Themen fehlen.“

Michael Adler, Chefredakteur *fairkehr* und Geschäftsführer der Agentur tipping points

„Dort zu schreiben ist immer wieder eine Ehre."

Martin Jänicke, FFU Berlin

„Es würde ein Medium fehlen, das sich mit genau dem befasst, was ihr Titel verspricht: mit Umweltfragen als politischen Fragen – in einer Zeit, die Umweltprobleme immer noch hauptsächlich naturwissenschaftlich-technisch diskutiert."

Marcel Hänggi, WoZ Die Wochenzeitung

„Die Buchreihe ist ein einzigartiger Kompromiss zwischen dem Niveau einer wissenschaftlichen Fachzeitschrift und populärwissenschaftlicher Literatur. Würde sie fehlen, verbliebe eine gähnende Leerstelle, denn ein vergleichbares Medium existiert nicht."

Prof. Dr. Niko Paech, Universität Siegen

„Sie zwingt zum Nachdenken, verlangt einen Standpunkt. Schon von daher ist sie ein Blatt der Hoffnung gegen den alltäglichen Zynismus eines folgenlosen Pragmatismus, der Stimmungen aufgreift, aber nicht weiß, was Verantwortung und Vernunft wirklich bedeuten."

Michael Müller, Bundesvorsitzender der Naturfreunde Deutschlands

„Ohne die *pö* würde mir der Blick in das ÜBERMORGEN fehlen! Betrachtungen und Ideen von Menschen, die wirklich weiter denken zu den wichtigen Themen Klimaschutz und maßloser Ressourcenverbrauch."

Dr. Christiane Averbeck, Geschäftsführerin der Klima-Allianz Deutschland

„Ohne sie würde mir eine wichtige Plattform fehlen, die sowohl Missstände anspricht als auch kluge Lösungsansätze vorstellt. Und das nicht erst seit gestern. Ein Blick in alte Ausgaben zeigt: Vor 30 Jahren hat die *pö* bereits über Probleme berichtet, die immer noch – oder wieder – politisch brisant und gesellschaftlich relevant sind."

Prof. Dr. Kai Niebert, Präsident des Deutschen Naturschutzrings

Rückblick auf 30 Jahre *politische ökologie*

„Wir wollen Möglichkeitsräume eröffnen"

Ein Gespräch mit Jacob Radloff, dem Gründer der *politischen ökologie* und heutigem Geschäftsführer des oekom verlags.

Aus welchem Impuls heraus hast du 1987 die politische ökologie gegründet?

Ich denke, es gab zwei Impulse: Erstens, weil ich ja schon länger, seit 1977, im Umweltbereich auf lokaler Ebene engagiert war. Je mehr man sich mit konkreten Problemen vor Ort beschäftigt, desto mehr stellt man sich gerade als junger Mensch natürlich Fragen wie: Warum produziert eine Gesellschaft wie die unsere überhaupt so viele Umweltprobleme? Woran liegt es, dass wir strukturell auf nie enden wollendes Wachstum ausgelegt sind und was lässt sich dagegen tun?

Zweitens gab es einen ganz pragmatischen Grund: Nachdem ich die Schule abgebrochen und ein Volontariat beim *Würmtalboten* gemacht hatte, habe ich der Ernst Friedrich Schumacher-Gesellschaft das Publikationsprojekt *politische ökologie* auch deshalb vorgeschlagen, um eine finanzielle Basis zu haben, auf der ich meine inhaltlichen und journalistischen Interessen verwirklichen konnte.

Was kann die politische ökologie, was andere Zeitschriften im Nachhaltigkeitsbereich nicht können?

Die *pö*, wie wir sie liebevoll nennen, kann Perspektiven zusammendenken, die in der Einzeldisziplin gern übersehen werden. Sie kann Tiefenbohrungen machen, was das Thema Nachhaltigkeit in all seinen Facetten betrifft, das heißt, sie steigt intensiv und im Laufe der Zeit auch mehrmals in ihr jeweiliges Thema ein. In unserer schnelllebigen Zeit wollen die Leute meist keine langen Artikel mehr lesen, sondern lieber prägnante Schlagzeilen und Vorspänne, Stichwort Twitter-Journalismus. Zeitschriften, die sich diesem Trend zu sehr anpassen, haben keinen Platz mehr für komplizierte Zusammenhänge und für das große Ganze. Aber vor allem: Die *pö* entdeckt auch immer wieder neue Themen, weil sie nah an Menschen und Institutionen dran ist, die querdenken und bewusst anders handeln als der Mainstream. Sie gibt diesen Themen einen Raum und bringt sie so in die gesellschaftliche Debatte ein.

Was waren und sind die größten Herausforderungen, denen sich die pö als Fachzeitschrift stellen musste und muss?

Das Konzept der *politischen ökologie* steht quer zu den tagesaktuellen Aufgeregtheiten, weil sie ja bewusst versucht, langfristige Themen und Trends zu bearbeiten. Dafür muss sie sowohl die Autoren als auch die Leserinnen finden, was nicht immer leicht ist, wenn man thematisch gegen den Strom schwimmt, noch dazu im Bereich der – ohnehin als Nischenthema – wahrgenommenen Nachhaltigkeitsdebatte. Der redaktionelle Aufwand, der in der *pö* steckt, ist ziemlich hoch und lässt sich schwer allein durch Abonnements und Verkäufe decken. Eine andere Schwierigkeit besteht darin, die Autoren und Autorinnen mit ihren unterschiedlichen disziplinären Sprachen so zusammenzubringen, dass ihre Erkenntnisse auch von normalen Zeitungslesern verstanden werden. Wir stecken viel Arbeit und Herzblut in diese „Übersetzungsarbeit", damit die Texte am Ende gut lesbar und allgemein verständlich sind.

Was will oekom mit der pö verlegerisch in den nächsten Jahren erreichen?

Wenn wir auch im zunehmend digital geprägten Verlagswesen das halten können, was wir bis jetzt erreicht haben, ist das schon eine große Leistung. Im Prinzip wollen wir so weitermachen wie bislang, um das stärker ins Bewusstsein zu bringen, was oft in den Einzelaspekten der Nachhaltigkeitsdebatte verloren geht: im Zusammenhang denken, unterschiedliche Disziplinen zusammenbringen, Möglichkeitsräume eröffnen, in denen über lebenswerte Zukünfte nachgedacht werden kann, also darüber, wie wir künftig arbeiten, wirtschaften und leben wollen. Mal sehen, in welcher Publikationsform das zukünftig am besten gelingt.

Zur Person

Jacob Radloff, geb. 1966, entwickelte im Alter von 21 Jahren aus dem Mitgliederrundbrief der Ernst Friedrich Schumacher-Gesellschaft, den *Schumacher-Briefen*, das Konzept der *politischen ökologie*. Die Zeitschrift legte den Grundstein für die vielfältigen Aktivitäten und Publikationen des oekom verlags, dessen Geschäftsführer Jacob Radloff ist.

Eine Tagebuchnotiz aus dem Jahr 2047

Der Eco-Checker

Von Angela und Karlheinz Steinmüller

In 30 Jahren wird es die *politische ökologie* wohl nicht mehr als gedruckte Buchreihe geben. Doch der ihr innewohnende *pö*-nible Geist durchweht auch die Zukunft, weil sie eine wichtige neue Zielgruppe erschlossen haben wird ...

Gestern habe ich auf dem Dachboden einen schiefen Stapel uralter Papierzeitschriften entdeckt. Die waren meinen drei Eltern wohl wichtig genug, um sie nicht in die Wiederverwertung zu geben. Auf dem Titelblatt steht *„politische ökologie"*, das klingt ziemlich sperrig, kein Wunder, dass die *pö* verschwunden ist ...

Mal unter uns: Was für eine absurde Idee war das, tote Bäume als Informationsträger zu nutzen, wo doch eigentlich schon damals jede(r) wusste, dass ein lebendes Gehölz voller wuselnder Information ist! Gut, das Trägermedium Papier galt als geduldig. War die Druckerschwärze erst einmal getrocknet, konnte nichts mehr gefakt – oder auch nur korrigiert – werden. Verrückte Zeiten! Die echten oder angeblichen Wahrheiten standen ein für allemal unveränderbar fest – gruselig. Damals gab es noch keine *Fact Checker*, die man anklickt, um schnell zu überprüfen, ob eine Behauptung stimmt. Okay, mitunter streiten sich die *Fact Checker* herum, wer Recht hat; dann verlässt man sich halt auf den mit der höchsten Reputation, wie meinen *Eco-Checker*, der auf Themen rund um Umwelt und Nachhaltigkeit spezialisiert ist. Mal eine Probe: Sahara-Be-

grünung kommt gut voran. – Hab ich's doch geahnt: Das ist eine heftige Übertreibung. Oder hier unter Vermischtes: Ein Mann beschimpft seine Individual-Karosse, während er noch drinnen sitzt. Die ärgert sich, regelt die Temperatur hoch, und nach Stunden findet man die ausgedörrte Leiche. – Leider nur eine urbane Legende. Noch ein Beispiel: Cyborg-Hunde erschnüffeln in ehemaligen Kleingärten verseuchten Boden. – Stimmt verrückterweise.

Zielgruppe: Künstliche Intelligenzen

Doch halt. Eben unterkringelt mein *Eco-Checker* „dass die *pö* verschwunden ist". Ich formuliere neu: „Wie andere Papier-Zeitschriften ist die *pö* heute ausgestorben." Merkwürdig: Der *Eco-Checker* protestiert schon wieder und schlägt alternativ vor: „Im Gegensatz zu anderen Papier-Zeitschriften hat sich die *politische ökologie* auf vielfältige Weise weiterentwickelt" – ja, als was denn? Und wieso merke ich nichts davon? Ich stöbere ein wenig im Netz herum und finde ein „politisch-ökologisches Lernspiel" für Schulkinder namens „Leben und leben lassen". Angehende Mitglieder des Bundestags sind verpflichtet, darin mindestens Level Zwei zu erreichen. Dann entdecke ich einen Infodienst namens „*pö*-nibel". Da gibt es Nachhaltigkeitstipps entsprechend dem aktuellen Aufge-

„Nachhaltigkeitstipps gibt es entsprechend dem aktuellen Aufgeschlossenheitsniveau direkt auf die Retina.“

schlossenheitsniveau direkt auf die Retina; aber man kann auch einen Avatar für Lebensstil-Beratung samt Mobilitäts- und Ernährungsratgeber dazu buchen, immer satt unterfüttert mit jeder Menge Infos. Sprachlich lässt sich „*pö*-nibel" von Einfachst-Deutsch über Eurolingua bis zu einem „KI-kompatiblen Scientolect" einstellen. Will heißen: Die Leute von der pö haben die Künstlichen Intelligenzen als Zielgruppe entdeckt! KIs sind ja vielleicht auch eher für gute Argumente zugänglich als die meisten Menschen ... Jetzt erst fällt mir auf: Mein *Eco-Checker* trägt ein Genauigkeits-Siegel: „zertifiziert durch *pö*".

Was schätzen Sie an der *politischen ökologie?*

a) Dass die pö auch Visionen und Gedankenspiele zulässt.

b) Dass es die pö noch auf echtem Papier und für Bio-Menschen, nicht nur für KIs gibt.

Zur Autorin, zum Autor

a) Angela Steinmüller, geb. 1941, ist Mathematikerin und Science-Fiction-Autorin.

b) Karlheinz Steinmüller, geb. 1950, ist Physiker, Philosoph und Autor. Außerdem ist er wiss. Direktor der Z_punkt GmbH The Foresight Company.

Kontakt

Angela und Dr. Karlheinz Steinmüller
E-Mail steinmueller@z-punkt.de

POLITIK UND GESELLSCHAFT

+++ Konstruktiv widerständig setzt das Dorf Neunkirchen die SDGs um +++ Durch eine Open-Source-Tomatensorte wird Saatgut wieder zum Gemeingut +++ Das Netzwerk GenderNETCLIM sucht nach Wegen, Klimapolitik und Genderaspekte zu verknüpfen +++ Ökosoziale Probleme lösen in Vorarlberg Bürgerräte +++ In der venezolanischen Kooperative Cecosesola zeigen 20.000 Menschen, dass ein anderes Leben und Arbeiten möglich ist +++ Mit dem *Frizz23* erhält sich Berlin-Kreuzberg ein Stück urbane Vielfalt +++ *596 acres* erschließt Brachflächen in New York +++ Beim Theaterspielen entdecken geflüchtete Jugendliche ihr Potenzial, die Welt zu verbessern +++ Die philippinische NGO Urban Poor Associates verhilft Menschen aus informellen Siedlungen zu legalem Wohnraum +++ Citizen Science sichert die Existenz von Prachtguramis in freier Wildbahn +++ Der *Mediendoktor Umwelt* analysiert, wie viel Nachhaltigkeit in deutschen Medien steckt +++

Ein Dorf probt den Widerstand

Allenthalben leidet die Provinz unter Abwanderung und Landflucht – Neunkirchen in Rheinland-Pfalz aber wächst. (1) Als einziges Dorf weit und breit weist es keine Neubaugebiete am Ortsrand aus und hat deswegen keine seelenlosen Trabantensiedlungen voller Pendler(innen) geschaffen. Junge Familien bauen direkt im Dorf und verhindern damit, dass der Ortskern ausstirbt. Schon 2005 schrieb der Neunkirchner Rat, sieben parteilose Bürger(innen) und ein parteiloser Bürgermeister, Geschichte: Er wehrte sich erstmals gegen die überhöhten Umlagen der Kreis- und Verbandsgemeinde. Nach anfänglicher Skepsis schlossen sich zahlreiche andere Gemeinden an. Das daraufhin von der Kommunalaufsicht eingeleitete Rechtsverfahren läuft noch immer. Selbst der Landrat Gregor Eibes musste 2013 einräumen, dass Neunkirchen offensichtlich verfassungswidrig unterfinanziert wird – soll heißen, dass die Gemeinde wegen der überhöhten Umlagenbelastung ihre Pflichtaufgaben nicht mehr erfüllen kann, ohne Schulden zu machen.

Quer durch die Republik entrechten Landesregierungen aller Couleur die Kommunen durch eine Gebietsreform nach der anderen. Aber am Widerstand der 162 Neunkirchner(innen) gegen ihre Eingliederung in eine zentralistische, anonyme Einheitsgemeinde beißt sich die Landesregierung seit Jahren die Zähne aus.

Kommunale Selbstbestimmung bedarf der unmittelbaren Verfügungsgewalt über die eigenen Ressourcen und so hat Neunkirchen seinen Gemeindewald aus dem großen überregionalen Forstrevier herausgelöst. Heute besitzt das Dorf mit etwa 160 Hektar das kleinste gemeindlich selbstverwaltete Forstrevier von Rheinland-Pfalz. Nachhaltig Forstwirtschaft zu betreiben ist das erklärte Ziel von Neunkirchen. Deshalb ist geplant, ab 2020 die etwa 22 Hektar umfassenden gemeindlichen Pachtflächen von konventioneller großagrarischer Nutzung auf eine weitgehend ökologische Nutzung umzustellen. Einige kleinbäuerliche Familienbetriebe haben bereits ihr Interesse angemeldet. *(Jürgen Maier)*

Anmerkung

(1) de.wikipedia.org/wiki/Neunkirchen_(Hunsrück)

Sustainable Development Goals

Mutbürger setzen sich durch

Von Jürgen Maier

Von den 17 Nachhaltigen Entwicklungszielen hat Neunkirchen mindestens fünf umgesetzt – und zwar bereits bevor die Vereinten Nationen 2015 die SDGs ins Leben riefen.

Ganz Germanien redet viel über Nachhaltigkeit, tut aber wenig, um seinen überdimensionierten ökologischen Fußabdruck spürbar zu verkleinern. Ganz Germanien? Nein, ein kleines Dorf weitab der Hauptstadt, im Hunsrück nahe Trier im Landkreis Bernkastel-Wittlich in Rheinland-Pfalz gelegen, macht es andersherum: Neunkirchen redet wenig von Nachhaltigkeit, tut aber viel (vgl. S. 22). So ist das Dorf ein hervorragendes Beispiel für die Umsetzung der 2015 von den Vereinten Nationen verabschiedeten Nachhaltigen Entwicklungsziele (Sustainable Development Goals, SDGs). Indem Neunkirchen eine lebendige Dorfgemeinschaft erhält, erfüllt das Dorf beispielsweise Ziel 11, Städte und Gemeinden inklusiv und nachhaltig zu gestalten.

Faktisch überall sind die Kommunen die sogenannte Bad Bank der Schwarze-Null-Protagonist(inn)en in Bund und Ländern. Bürgermeister(innen) und Räte resignieren allenthalben und hätten als Parteimitglieder doch alle Möglichkeiten, ihre Oberen zur Räson zu bringen, trauen sich das aber nicht. Neunkirchen hingegen wehrt sich gegen die Obrigkeiten. Diese Ortsgemeinde praktiziert nachhaltige Finanzwirtschaft und versucht, ohne weitere Verschuldung notwendige Investitionen zu tätigen. Als beispielsweise 2015 eine baufällige Brücke über einem Bach saniert werden musste, legte Neunkirchen eine weitaus günstigere und ökologisch

sinnvollere Furt an. Durch diese Furt können schwere Holztransporter problemlos hindurchfahren und Neunkirchen hat den schönen Beweis erbracht, wie sich SDG 9, der Aufbau widerstandsfähiger Infrastruktur, erfüllen lässt.
Indem Neunkirchen eine nachhaltige Forstbewirtschaftung betreibt - SDG 15 -, werden nicht in erster Linie die großen Sägewerke und somit der Holzweltmarkt bedient. Vielmehr bringt das Dorf seine eigene Energiewende voran. Die Brennholzpreise in Neunkirchen sind regional die günstigsten und werden vorrangig den Neunkirchner Bürger(inne)n vor Ort angeboten. Ölheizungen sind Auslaufmodelle, das Geld für die Heizkosten bleibt weitgehend im Dorf. Auch das Jagdrecht hat sich die Gemeinde nach langem Kampf gesichert. Die Jäger(innen) verstehen sich als Dienstleister, die nach dem ökologischen Leitbild „Wald vor Wild" arbeiten.

Die eigene Energiewende

Punkten kann Neunkirchen auch bezüglich SDG 7, erneuerbare Energien zu fördern, denn das Dorf ist Pionier bei der Umstellung auf Ökostrom. Die dortigen Straßenlaternen waren bundesweit die ersten, die 2010 gemeindlich durch Ökostrom erstrahlten. Das war gar nicht so einfach: Der Versorger RWE tat alles, um sein Atom- und Kohlestrom-Monopol zu verteidigen - Neunkirchen aber blieb konsequent und konnte sich auch ohne Gerichtsverfahren, die RWE durchaus in Erwägung gezogen hatte, schließlich durchsetzen. Beim geplanten Ausbau der Windkraft musste das Dorf allerdings eine herbe Niederlage einstecken, da die Nachbargemeinde Talling, deren Rat bei der Kommunalwahl 2014 in die Hände von Windkraftgegner(inne)n gefallen war, einen bereits beschlossenen Vertrag zwischen Talling und Neun-

2008

2013

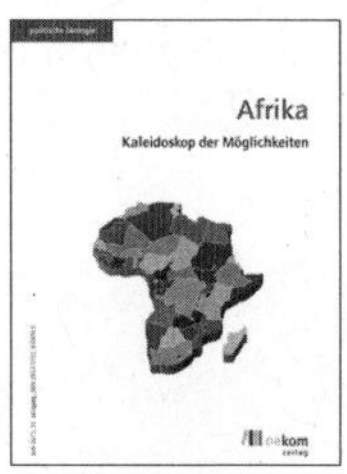

2015

2015

kirchen sowie dem anliegenden Lückenburg erfolgreich sabotierte. Immerhin: Auf vielen Dächern glänzen Sonnenkollektoren, die den Strombedarf im Dorf schon zu mehr als 50 Prozent abdecken können.

Zu SDG 11, der inklusiven Gestaltung von Stadt oder Gemeinde, zählt auch, dass Kinder in ihrer Heimat zur Schule gehen können. Neunkirchen kämpft deshalb für die Erhaltung der beiden kleinen Schulen in zwei Nachbargemeinden, die auf der Roten Liste derer stehen, die die rot-gelb-grüne Landesregierung schließen will. Doch Sparen auf Kosten der Kinder kommt für Neunkirchen nicht infrage.

Andere reden von regionalen Kreisläufen – Neunkirchen versucht sie Schritt für Schritt herzustellen, wobei es jeden Zentimeter gegen erbitterten Widerstand der Kreisverwaltung, der Mehrheit im Verbandsgemeinderat und der Landesregierung samt deren Parteien erkämpfen muss. Diese entwerfen zwar gerne Nachhaltigkeitsstrategien und -berichte, aber wenn es ernst wird, bleibt es bei Schall und Rauch. Wer glaubt, allwissende Politiker(innen) und Bürokrat(inn)en müssten Nachhaltigkeit gegen widerstrebende Bürger(innen) durchsetzen, wird in Neunkirchen eines Besseren belehrt: Es ist genau andersherum.

Was schätzen Sie an der *politischen ökologie?*
Die politische Konjunktur geht auf und ab, die pö bleibt am Ball. Unabhängig davon.

Zum Autor
Jürgen Maier, geb. 1963, hat Politikwissenschaften studiert und ist seit 1996 Geschäftsführer des Forums Umwelt und Entwicklung. Davor leitete er die Asienstiftung und war Bundesvorstandsmitglied von Bündnis 90/Die Grünen.

Kontakt
Jürgen Maier
E-Mail chef@forumue.de

Die Open-Source-Tomatensorte Sunviva

Die Initiative *OpenSourceSeeds*, vom Verein *Agrecol* entwickelt, stellt das Gemeinwohl in den Vordergrund. (1) Um Privatisierungen im Agrarbereich und Patentierungen von Saatgut etwas entgegenzusetzen, kämpft sie seit 2012 für die Erhaltung der Pflanzenvielfalt. Nach dem Vorbild von internationaler Open-Source-Software wie Linux, die durch eine Lizenz den offenen Daten- und Softwareaustausch anbietet, möchte *OpenSourceSeeds* den gemeinschaftlichen Austausch von Saatgut ermöglichen. Auch hier gelten Schutzregelungen, die vorab von der Gemeinschaft der Nutzer(innen) durch eine Lizenzvereinbarung akzeptiert werden müssen. Nach diesen Regelungen können sie das Saatgut frei ausbringen, verändern oder weiterentwickeln. Den zukünftigen Besitzer(inne)n müssen sie ohne Ausnahme die gleichen Rechte einräumen, die Lizenz des Saatgutes darf also keiner Beschränkung unterliegen. Somit wird das Saatgut nie einem Konzern oder einer Privatperson allein gehören.

Die Universität Göttingen hat im Zuge eines ökologischen Freiland-Tomatenexperiments die Open-Source-Tomatensorte „Sunviva" gezüchtet. Diese gelbe Tomate wächst wie ihre rote Verwandte auf humosen Böden und präferiert sonnige Standorte. Gegen die Kraut- und Braunfäule, die Tomatenzüchter(inne)n oft Sorgen bereitet, soll sie resistent sein. Das Saatgut der gelben Cocktailtomate wird vom Saatguterzeuger Culinaris vertrieben. Dieser Saatgutbetreiber entstammt ebenfalls einem Forschungsprojekt an der Universität Göttingen. Das Saatgut unterliegt den freien Lizenzrichtlinien von *OpenSourceSeeds* und muss somit auf allen Produkten ausgewiesen werden. *(je)*

Anmerkung

(1) www.opensourceseeds.org

Gelungene Globalisierung

Eine faire Welt säen

Von Barbara Unmüßig

Die Rückeroberung des Saatguts als Gemeingut hat begonnen. Mithilfe von Open-Source-Regeln entstehen wieder Möglichkeiten für die Züchtung einer großen Zahl von Arten und Sorten.

Wir erleben derzeit eine enorme Machtkonzentration, nicht nur, aber vor allem auf dem Saatgutmarkt. Heute dominieren sieben Unternehmen 70 Prozent des Weltmarkts, Tendenz steigend. (1) Die US-Riesen DuPont und Dow Chemical vereinigen sich, ChemChina kauft die schweizerische Syngenta auf und Bayer will mit Monsanto fusionieren. Monsanto hat sich seit den 1990er-Jahren systematisch und rund um den Globus den kommerziellen Saatgutmarkt einverleibt und besitzt Patente auf das Gros aller gentechnisch veränderten Pflanzen.

Neben dieser erdrückenden ökonomischen Dominanz verhelfen zur Machtkonzentration vor allem technische Methoden wie die Hybridzüchtungen, bei denen eine Nachzucht nicht möglich ist, und juristische Wege. Letztere sichern private Eigentumsrechte durch Patente auf Eigenschaften der gezüchteten Sorten ab. Unabhängige Züchtungen gibt es immer weniger, Bauern und Bäuerinnen auf der ganzen Welt sind komplett abhängig vom Saatgutangebot und dem Diktat der Großkonzerne.

Wie aus dieser Falle herauszukommen ist, zeigen die *OpenSourceSeeds*-Akteurinnen von *Agrecol*. Ihr Projekt ist eine sehr konkrete Alternative zum patentierten und global vermachteten Saatgutmarkt. Die kleine gelbe Cocktailtomate „Sunviva" wird zwar nicht die Weltmärkte für Tomaten erobern (vgl. S. 26). Sie zeigt aber auf, dass die Patentierung und Kontrolle von Saatgut reversibel und es möglich ist, Saatgut wieder zu einem Gemeingut zu machen, so wie es jahrhundertelang der Fall war. Die Sorte Sunviva wird zwar geschützt, jede(r) darf sie aber kostenlos verwenden, weitergeben und auch weiterentwickeln. Ein Patent soll es nicht geben. Ein kostenfreier Lizenzvertrag erlaubt es mir, das Saatgut zu nutzen, verpflichtet mich aber auch, keine Sortenschutz- oder Patentrechte anzustreben. Damit räume ich anderen die gleichen Rechte ein, die ich selbst genieße. So entstehen Kettenverträge, die unendlich sind und ein enormes Potenzial haben.

Saatgut nicht den Großkonzernen überlassen

Das Sunviva- respektive OpenSourceSeed-Projekt hat etwas Revolutionäres. Es wendet Open-Source-Regeln aus der digitalen Welt für die Rückeroberung des Saatguts als Gemeingut an. Das gibt Bäuerinnen und Bauern ihre Freiheit und Unabhängigkeit zurück – und unserem Saatgutbestand wieder mehr Vielfalt zugunsten einer agrarökologisch basierten Landwirtschaft und einer Stärkung der Gemeingüter (vgl. S. 39 ff.).

Saatgut bestimmt über unsere Ernährung, über ihre Vielfalt. Freies Saatgut, also die unpatentierte Züchtung einer großen Zahl von Arten und Sorten, brauchen wir mehr denn je, denn die Klimakrisen, der Verlust der Artenvielfalt und die Erosion der Böden erfordern eine agrarökologisch angepasste Landwirtschaft, die sich auf die Standorte konzentriert und lokale Gegebenheiten berücksichtigt, die Bauern und Bäuerinnen ermächtigt und ökologisch nachhaltig ist. Wir erleben heute das glatte Gegenteil: eine Einheitlichkeit von wenigen Kulturpflanzen, die über unsere

1992

2002

2003

Ernährung bestimmt. Das bringt jetzt noch viel Rendite, ist aber angesichts des Klimawandels mehr als zukunftsvergessen und verantwortungslos.
Auch Gemeingüter brauchen Schutz, vor allem solange gesetzlich verankerte geistige Eigentumsrechte noch existieren. Die Utopie ist, dass die exklusiven geistigen Eigentumsrechte, die die Vermachtung und den Monokulturtrend befördern, verschwinden. Dann wären auch Open-Source-Lizenzen überflüssig. Bis es soweit ist, braucht aber auch Saatgut als Gemeingut rechtlichen Schutz, damit nicht Einzelne daraus wieder ein Privateigentum machen können. An solchen Regeln muss weitergearbeitet werden.
Saatgutzüchtungen dürfen wir nicht den Großkonzernen überlassen. Dass die Agrobiodiversität durch die Fehlentwicklungen der industriellen Landwirtschaft bedroht ist, wissen wir schon lange. Auch, dass kaum öffentliche Mittel in die Züchtung fließen. Gemeinnützige Öko-Züchtung muss eine große und öffentliche Aufgabe werden. Dafür gilt es politische Mehrheiten in nationalen und europäischen Parlamenten sowie international aufzubauen. Pioniere wie *Agrecol* und viele einzelne private Züchter(innen) und Vereine sind hier Vorreiter(innen), sie brauchen aber breite Unterstützung aus Politik und Gesellschaft.

Anmerkung

(1) Heinrich-Böll-Stiftung/Rosa-Luxemburg-Stiftung/Bund für Umwelt und Naturschutz Deutschland et al. (2017): Konzernatlas – Daten und Fakten über die Agrar- und Lebensmittelindustrie. Berlin. Kostenloser Download unter www.boell.de/de/publikationen

Was schätzen Sie an der *politischen ökologie?*
Bei der *politischen ökologie* ist der Name Programm – jetzt muss die Idee wieder in den Mainstream!

Zur Autorin
Barbara Unmüßig, geb. 1956, ist seit 2002 Vorstandsmitglied der Heinrich-Böll-Stiftung.

Kontakt
Barbara Unmüßig
E-Mail unmuessig@boell.de

Kompetenznetzwerk GenderNETCLIM

Um die Chancengerechtigkeit der Geschlechter in der Klimapolitik zu fördern, haben das artec Forschungszentrum Nachhaltigkeit der Universität Bremen und das internationale Netzwerk GenderCC – Women for Climate Justice e.V. das Kompetenznetzwerk „Chancengerechtigkeit im Klimawandel (GenderNETCLIM)" aufgebaut. (1) Ziel war und ist es, die Ursachen und Wirkungen des Klimawandels sowie die politischen und gesellschaftlichen Reaktionen darauf mit den Anforderungen einer geschlechtergerechten Gesellschaft zu verbinden. Der Transfer und die Nutzung von Erkenntnissen der Geschlechterforschung für die Gestaltung technischer und sozialer Transformationsprozesse sollten einen Beitrag leisten zur Integration von Chancengerechtigkeit in die Entwicklung von klimapolitischen Strategien und deren Umsetzung in konkreten Maßnahmen auf kommunaler, regionaler und nationaler Ebene.

Dazu hat das Kompetenznetzwerk unter anderem Workshops mit Expert(inn)en sowohl aus Klimaschutz und Klimaanpassung als auch aus dem Bereich Gleichstellung veranstaltet, die gemeinsam nach praxisorientierten Handlungswegen für eine geschlechtergerechte Klimapolitik suchten. Ziel war es, die Kompetenzen um die Kenntnisse der jeweils anderen Disziplin zu erweitern, aber auch ein Netzwerk sich gegenseitig unterstützender Expert(inn)en aus den Bereichen Klima und Gleichstellung aufzubauen, das sich für eine geschlechtergerechte Entwicklung und Umsetzung klimapolitischer Maßnahmen einsetzt. Gemeinsam mit weiteren Akteuren und Fachleuten wurden darüber hinaus Kernbotschaften erarbeitet, die das Potenzial des Gender Mainstreaming im Klimabereich auf den Punkt bringen und erläutern. Weiterhin wurden Empfehlungen für eine Verknüpfung der Politikfelder Gender- respektive Chancengerechtigkeit und Klima entwickelt, die sich an Politik, Forschung und die Praktiker(innen) der Umsetzung richten. Eine Handreichung unterstützt die konkrete Arbeit einer geschlechtergerechten Klimapolitik vor Ort.

Das einjährige Projekt lief bis März 2017 und wurde vom Bundesministerium für Bildung und Forschung gefördert; die Expert(inn)engruppe besteht weiter. *(Ulrike Röhr und Ines Weller)*

Anmerkung

(1) www.gendernetclim.de

Geschlechtergerechte Klimapolitik

Conditio sine qua non

Von Ulrike Röhr und Ines Weller

Auch wenn bislang Studien fehlen, die belegen, dass eine genderbewusste Klimapolitik die wirksamere ist: Ohne Geschlechtergerechtigkeit wird es keine zukunftsfähige Transformation geben.

Klimawandel und Klimapolitik können sich in Abhängigkeit von beispielsweise sozio-ökonomischer Situation, Geschlechterverhältnissen und Geschlechterrollen unterschiedlich auf die Menschen auswirken. Ein kürzlich durchgeführter Review der Forschung zu Gender und Klima in Industrieländern lässt einen positiven Zusammenhang zwischen Geschlechtergerechtigkeit und Klimaschutz erkennen: Gesellschaften mit einem hohen Wert bei Gerechtigkeit erreichen auch die höchsten Werte beim Klimaschutz.

Die Relevanz, die Geschlechterrollen und unterschiedliche Lebenssituationen von Frauen und Männern bei der Entwicklung und Umsetzung der Klimapolitik haben, wird in den meisten Ländern des globalen Südens inzwischen anerkannt. Die Gender-Perspektive wird auch in der Entwicklungszusammenarbeit eingefordert; in Ländern des globalen Nordens – so auch in Deutschland – besteht hier noch erheblicher Nachholbedarf. Bisher fehlen praktische Umsetzungsbeispiele, die nachweisen und illustrieren, dass eine genderbewusste Klimapolitik eine wirksamere Klimapolitik ist. Die Gründe dafür: Es mangelt am Bewusstsein über die Wirkungen der Geschlechterverhältnisse in Klimaschutz und -anpassung und vor allem an Kenntnissen darüber, wie ein solches Bewusstsein in klimapolitische Maßnahmen einzubeziehen wäre. Mit dem Austausch zwischen Expert(inn)en und Praktiker(in-

ne)n aus der Klimapolitik mit solchen aus der Genderforschung und Gleichstellungsarbeit im Rahmen des Kompetenznetzwerks GenderNETCLIM (vgl. S. 30) wurde ein wichtiger Schritt getan, um das Wissen und Verständnis auf beiden Seiten zu erweitern. Das Projekt hat vielen Praktiker(inne)n die Augen für die Bedeutung von Gender geöffnet, was sich unter anderem darin widerspiegelt, dass einige Kommunen Genderaspekte in ihre Masterpläne zum Klimaschutz aufgenommen haben, von denen Impulse auf andere Institutionen ausgehen können.
Forschungen aus den USA, die sich mit den Ursachen des Klimaskeptizismus beschäftigen, belegen, dass diejenigen, die am meisten von einem System profitieren, den größten Widerstand gegenüber Veränderungen leisten. Das zeigt, dass für die Große Transformation grundlegende und weitreichende Veränderungen der gesellschaftlichen Strukturen und Systeme benötigt werden. Da reicht es nicht, nur an umweltpolitischen oder ökonomischen Stellschrauben zu drehen. Vielmehr gilt es, auch die Widerstände abzubauen und die vergeschlechtlichten Machtverhältnisse zu verändern, denn ohne Geschlechtergerechtigkeit wird es keine zukunftsfähige Transformation geben. Durch das Adressieren der Geschlechterverhältnisse - und der damit verbundenen Ungerechtigkeiten sowie dominierenden Machtverhältnisse - erhält die Klimapolitik eine emanzipatorische Dimension, die eine grundlegende und weitreichende gesellschaftliche Transformation unterstützt. Das beweist auch die Geschichte: Historisch gesehen wurden gesellschaftliche Transformationen häufig von emanzipatorischen Bewegungen angestoßen.
Auf Seiten der Politik gilt es, Genderaspekte in der nationalen Klimapolitik zu verankern. Dazu muss deren Berücksichtigung in Richtlinien und Förderbedingungen,

politische ökologie

1994

2001

aber auch in Klimastrategien und -pläne integriert und ihr Monitoring sichergestellt werden. Ebenfalls unerlässlich ist es, Projekte, die Wissen generieren und verbreiten, längerfristig zu fördern und mittels Gender Impact Assessments von Klimaschutz- und Anpassungsmaßnahmen deren Wirkungen auf die Geschlechterverhältnisse zu verdeutlichen und daraus Vorschläge zu ihrer geschlechtergerechteren Gestaltung abzuleiten.

Gender Mainstreaming im Klimabereich steht und fällt allerdings mit der Qualifikation der Mitarbeiter(innen), ob in der Politik, der Wirtschaft oder in zivilgesellschaftlichen Organisationen. Es reicht nicht aus, Genderanalysen der Klimapolitik einmalig durchzuführen; vielmehr bedarf es einer langfristigen Strategie, der kontinuierlichen Qualifizierung der Mitarbeiter(innen) und der Sicherung der Genderkompetenzen in den jeweiligen Bereichen. Einen wichtigen Schritt in diese Richtung sind das Bundesministerium für Umwelt, Naturschutz, Bau und Reaktorsicherheit und das Umweltbundesamt gegangen, indem sie ein Forschungsprojekt zu „Gendergerechtigkeit als Beitrag zu einer erfolgreichen Klimapolitik" vergeben haben, das weiterführende Erkenntnisse für eine geschlechtergerechte Klimapolitik erarbeiten wird.

Was schätzen Sie an der *politischen ökologie?*

a) Die Autor(inn)enfrage.

b) „Früher war mehr Lametta." (Loriot)

Zu den Autorinnen

a) Ulrike Röhr, geb. 1949, Bauingenieurin und Sozialwissenschaftlerin, arbeitet aktuell bei GenderCC – Women for Climate Justice zu den Genderaspekten der Energie- und Klimapolitik.

b) Ines Weller, geb. 1954, Chemikerin, ist Professorin am artec Forschungszentrum Nachhaltigkeit der Universität Bremen.

Kontakt

Ulrike Röhr, Prof. Dr. Ines Weller
E-Mail u.roehr@gendercc.net,
weller@uni-bremen.de

Bürgerräte in Vorarlberg

Im österreichischen Bundesland Vorarlberg ist Bürgerbeteiligung seit 2013 in der Landesverfassung verankert. Seitdem finden halbjährlich sogenannte Bürgerräte statt, etwa der Asyl- und Flüchtlingsrat im Juni 2015. (1) In einem Land mit einer starken rechtspopulistischen Bewegung kein kleines Risiko. Aber das Gremium mit 23 zufällig ausgelosten Mitgliedern überraschte mit vielen konstruktiven Empfehlungen: Die Geflüchteten sollten in kleinen Einheiten in Gemeinden untergebracht, die dort Wohnenden so transparent wie möglich informiert werden. Ein Willkommens-Informationspaket für Neulinge in Österreich sollte Allgemeines, wichtige Formulare und Spielregeln für das Zusammenleben mit Einheimischen enthalten. „Aus positiven Erfahrungen aus der Geschichte lernen. Gut mit Ängsten und Bedenken umgehen", empfahl der Bürgerrat. (2) Er stellte seine Ratschläge zudem in öffentlichen Bürgercafés vor, zu denen er die interessierte Bevölkerung sowie Politiker(innen) eingeladen hatte. Deren Reaktionen wertete er in einer Resonanzgruppe, bestehend aus Vertreter(inne)n und Repräsentierenden der Gemeinde, der Landesregierung sowie weiteren Fachstellen, aus. Und formulierte aus alledem einen weiteren Bericht mit dem Titel: „Gemeinsam schaffen wir ein Vorarlberg für alle". (3) Die Politik ihrerseits verpflichtete sich zu einer ausführlichen Rückmeldung. Das österreichische Bundeskanzleramt vergab für den transparenten Beratungsprozess sogar einen Preis, den Österreichischen Verwaltungspreis. Die Initiative habe eine „hohe Vorbildwirkung" und mache auch der Verwaltung „Mut zur Umsetzung".
Auch Mitglieder früherer Bürgerräte äußerten sich geradezu euphorisch: „Man hat jeden ausreden lassen." Oder: „Es sprudelt überall." Es herrsche eine kreative Atmosphäre, in der konstruktive Sachpolitik möglich sei. „Die Ergebnisse sind wertvoll und brauchbar. Die Befürchtung, dass Wunschlisten ans Christkind fabriziert werden, ist nicht eingetroffen", lobte auch ein Verwaltungsvertreter. „90 bis 95 Prozent sind begeistert und wollen wieder teilnehmen und das Verfahren anderen empfehlen." *(Ute Scheub)*

Anmerkungen

(1) www.vorarlberg.at (Umwelt & Zukunft / Büro für Zukunftsfragen / Bürgerbeteiligung)
(2) Bürgerratsbericht „Asyl- und Flüchtlingswesen in Vorarlberg" Juni/Juli 2015 im Auftrag der Vorarlberger Landesregierung
(3) www.handinhandinvorarlberg.at

Bürgerbeteiligung

Vorwärtsverteidigung der Demokratie

Von Ute Scheub

Kollektive Intelligenz funktioniert, wenn man ihr eine Chance lässt. Bürgerräte und andere Mitmachformen eignen sich hervorragend, um tragfähige Lösungen für gesellschaftliche Herausforderungen im Konsens zu erarbeiten.

Viele Menschen sind frustriert von unserer rein repräsentativen Demokratie. Sie fühlen sich machtlos und trauen Politiker(inne)n und Parteien nicht mehr. Die Resonanzstörung zwischen Regierten und Regierenden vertieft sich immer mehr, weil in der Zeit zwischen den Wahlen keinerlei Rückkopplung vorgesehen ist. Manche laufen deshalb zu rechtspopulistischen Bewegungen über, andere bleiben am Wahltag zu Hause.

Wie wäre die bedrohte Demokratie zu retten? Am besten in der Vorwärtsverteidigung, sprich durch Erweiterung, Verbreitung, Vertiefung. Durch die Inklusion aller Gesellschaftsmitglieder. Durch Direkte Demokratie, Volksabstimmungen, Partizipation und Gestaltungsmacht für Bürgerschaften, vom kleinsten Dorf aufwärts bis in die EU. Der belgische Historiker David Van Reybrouck erinnert daran, dass in der griechischen Antike nicht Wahlen das entscheidende Merkmal von Demokratie waren, sondern Losverfahren. Im Stadtstaat Athen wurden fast alle Ämter ausgelost; es gab keine Berufspolitiker, keinen Unterschied zwischen Regierenden und Regierten; außer Sklaven und Frauen konnten alle mal dran kommen – Chance und Pflicht zugleich. Demokratie heißt Selbstregieren, doch das ist in der Moderne völlig in Vergessenheit geraten.

Erst in den 1970er- und 1980er-Jahre wurde das Potenzial von Losverfahren neu entdeckt. In der Bundesrepublik entwickelte der Soziologieprofessor Peter Dienel die sogenannten Planungszellen: 25 Personen werden per Zufall ausgewählt und von Arbeitsverpflichtungen freigestellt, damit sie gemeinsam Lösungen entwickeln und am Ende ein Bürgergutachten abgeben. Dienel und seine Anhänger(innen) organisierten mehr als 300 Planungszellen mit rund 8.000 Laiengutachter(inne)n im In- und Ausland. Die Themen waren ebenso heterogen wie die Orte und reichten von der Verbesserung des öffentlichen Nahverkehrs in Hannover über die Belebung eines Plattenbauviertels in Frankfurt/Oder bis zur Entwicklung von Eckpunkten für ein zukünftiges Europa.

Lösungen für ökosoziale Probleme

In den USA gründete der Politikprofessor James Fishkin das Center for Deliberative Democracy an der Universität Stanford, ein Zentrum für Beratende Demokratie, das nach einem ähnlichen Prinzip Bürgerräte auf der ganzen Welt organisierte. Erstaunlich waren die Ergebnisse auch in den USA: Ausgerechnet im Ölförderstaat Texas sprachen sich zufällig ausgeloste Bürgerräte für die Förderung von erneuerbaren Energien aus. Die Anzahl der Menschen, die einen Beitrag zur Energiewende leisten wollten, stieg durch den öffentlichen Beratungsprozess von 52 auf 84 Prozent. Heute stehen in Texas mehr Windräder als in jedem anderen US-Bundesstaat – und kein Trump kann sie mehr abbauen.

Bürgerräte sind ein schöner Beweis, wie kollektive Intelligenz funktioniert, wenn man ihr eine Chance lässt. Wichtige Bedingung: Alle Bevölkerungsgruppen sind

1996

2011

2014

repräsentativ vertreten. Dann erst werden alle Interessen und Bedürfnisse berücksichtigt und diejenigen ausgebremst, die lauter, einflussreicher oder rhetorisch geschickter sind als andere. Die sogenannte qualifizierte Zufallsauswahl eignet sich hierfür am besten: Demografische Kriterien wie Geschlecht, Alter, Herkunft, Beruf und Bildungsgrad werden berücksichtigt. Falls zuerst vorwiegend alte weiße Männer oder vorwiegend junge schwarze Frauen ausgelost werden, wird weiter gelost, bis die Repräsentativität stimmt. Je genauer eine Gruppe die Gesamtbevölkerung repräsentiert, desto besser, inklusiver, solidarischer und durchdachter werden ihre Empfehlungen. Planungszellen und Bürgerräte agieren weitestgehend frei von Eigeninteressen und parteitaktischen Überlegungen. Sie sind durch Lobbyist(inn)en schwer beeinflussbar, weil nur der Zufall entscheidet, ob jemand einem Gremium angehört.

Bürgerräte sind hervorragend geeignet, um auf lokaler, nationaler oder internationaler Ebene Lösungen für ökosoziale Zukunftsprobleme zu erarbeiten. Doch genau das scheinen viele Politiker(innen) zu fürchten: Sie sehen ihre Rolle infrage gestellt und ignorieren das Potenzial von Bürgerräten und anderen partizipativen Formen der Demokratie, statt es zu fördern. Zivilgesellschaftliche Organisationen sollten deshalb viel lauter als bisher solche neuen Mitmachformen einfordern, um die bedrohte Demokratie zu retten.

An der *politischen ökologie* schätze ich ...

... dass sie ausspricht, was niemand wissen und jede(r) verdrängen will. Die Zukunft wird „Ökonft" werden, oder sie wird gar nicht mehr stattfinden.

Zur Autorin

Ute Scheub, geb. 1955, ist Publizistin und seit vielen Jahren Pionieren des Wandels auf der Spur, die sich für innovative Zukunfts- und Lebensentwürfe engagieren. 2017 erschien ihr Buch „Demokratie. Die Unvollendete" im oekom verlag.

Kontakt

Ute Scheub

E-Mail ute.scheub@t-online.de

Cecosesola - Kooperativennetz in Venezuela

Was möglich wird, wenn nicht die ökonomische Effizienz an erster Stelle steht, sondern zwischenmenschliche Beziehungen, macht Cecosesola (Central Coperativa de Servicios Sociales del Estado Lara) seit 50 Jahren im Westen Venezuelas vor. (1) Der Dachverband verschiedener Kooperativen, dem derzeit etwa 20.000 Menschen angehören, fußt auf den Prinzipien, alles im Dienst der Gesellschaft zu tun und Mitgliedern keine Privilegien einzuräumen. Er verzichtet auf Hierarchien und räumt jedem Mitglied in allen Belangen das gleiche Mitspracherecht in den zahlreichen Versammlungen ein. Es wird so lange auf Augenhöhe miteinander diskutiert, bis alle eine Entscheidung mittragen können. Die „Cecosesoler@s" haben kein Interesse an maximalen Profiten und beziehen auch die Wünsche der Menschen in den Entscheidungsprozess ein, die ihre Produkte und Dienstleistungen kaufen.

Ursprünglich leitete der Genossenschaftsverbund ein Bestattungs- und ein Busunternehmen, musste jedoch aufgrund staatlicher Repressionen sein Engagement in der Personenbeförderung aufgeben. Heute macht er vor allem durch Gemüsemärkte in den Städten von sich reden, auf denen von Mitgliedern produzierte Lebensmittel angeboten werden, die aktuell etwa 300.000 Menschen versorgen. Die Märkte sind bewusst als gesellschaftliche Treffpunkte konzipiert und verkaufen ihre Ware um rund ein Drittel günstiger als auf anderen Märkten. Neben dem immer noch bestehenden Bestattungsinstitut betreibt Cecosesola ein selbstverwaltetes Krankenhaus und ein Gesundheitszentrum. Die medizinischen Behandlungen - alternative Behandlungsmethoden, aber auch Laboruntersuchungen und chirurgische Eingriffe - sind bis zu 60 Prozent billiger als im Rest des Bundesstaates.
Die 1.300 hauptberuflich bei Cecosesola arbeitenden Mitglieder bekommen kein Gehalt, sondern einen sogenannten Vorschuss auf den gemeinsam erwirtschafteten Jahresgewinn, der etwa das Doppelte des venezolanischen Mindestlohns beträgt und sich nach dem Bedarf des jeweiligen Mitglieds richtet; so bekommen Eltern mehr Geld als Kinderlose. Die Hauptamtlichen arbeiten rotierend in verschiedenen Bereichen, haben wechselnde Aufgaben im Kooperativenverband und können so viele verschiedene Fähigkeiten einbringen und erlernen. *(dw)*

Anmerkung
(1) www.cecosesola.org (Spanisch), www.youtube.com/watch?v=iMOti-5Rh7E

Commons und Commoning

Von der Bahre bis zur Wiege

Von Silke Helfrich

Auf Augenhöhe organisieren und produzieren, selbst bestimmen, reflektieren und sich entfalten – das sind wichtige Zutaten für das Gelingen des gesellschaftlichen Wandels.

Das englische „Commons" wird oft mit „Gemeingütern" übersetzt. Nur liegt es nicht in den Gütern, uns gemein zu sein, sondern hängt von sozialen Prozessen ab. Wir können Land einzäunen, Wasser zum Kassenschlager machen und Wissen durch „geistige Eigentumsrechte" in Ware verwandeln – dies folgt der Logik von Herstellen und Ver-/Kaufen. Commons hingegen kann man als Gegenbegriff zur Ware verstehen, verbunden mit der Logik Beitragen und Teilen. Das „und" ist wichtig, denn letztlich kann nur geteilt werden, was gemeinsam hergestellt oder zusammengetragen wird. Teilen ohne Beitragen ist wie Einkaufen ohne Geld. Commons sind also nicht, sondern sie werden gemacht! Sie entstehen durch das sogenannte Commoning, was stets situationsspezifisch, ergebnisoffen und damit unsicher ist. Commoning ist alles andere als einfach und doch das eigentlich Selbstverständliche.

Im Oktober 2016 konnte ich beim Verbund Cecosesola in Venezuela beobachten, wie dieses eigentlich Selbstverständliche praktiziert wird (vgl. S. 38). Ich begegnete Produzent(inn)en, war auf dem Feld, in der Nudelfabrik und im Krankenhaus, konnte erleben, wie Preise nicht vom Markt diktiert, sondern selbst gemacht werden. Ich lernte das sehr konsequent praktizierte Rotationssystem kennen sowie die bemerkenswerte Preisgestaltung auf den großen Märkten: Preis der Banane = der Kartoffel = der Tomate. Ich war im Büro, das im Team betreut wird und treffend „escuela"

(Schule) heißt; denn es wird bei Cecosesola viel produziert, organisiert, geheilt, gepflegt, gehandelt, aber im Grunde geht es um einen vielgestaltigen gemeinsamen Bildungsprozess, um individuelle und kollektive Selbstentfaltung. Behutsam, aber kraftvoll, schonungslos und doch umsichtig, beständig und doch effektiv wird ein ums andere Mal ein Gesprächsgeflecht erzeugt, das zum Sicherheitsnetz wird. Dabei kommen auch Reflexion und Selbstreflexion nicht zu kurz. – Merke: In komplexen politischen und sozio-ökonomischen Kontexten stiftet ein (beliebig großes) Gesprächs-, Beziehungs- und Tätigkeitsnetz Zugehörigkeit und Sicherheit (vgl. Abb. S. 38). Hinter diesen Anspruch sollte Transformation nicht zurückfallen.

Die hohe Kunst des Commoning

Cecosesola existiert seit einem halben Jahrhundert. Derzeit stellen die galoppierende Inflation, Korruption, Versorgungsmangel sowie die politische Polarisierung in Venezuela das Kooperativennetz auf die Probe. Und dennoch erscheint dem venezolanischen Soziologen Edgardo Lander die Praxis der „Cecosesoler@s" als eine Alternative für das Land. Warum auch sollte, was in Lara möglich ist, nicht in anderen Bundesstaaten möglich sein?

Dabei versteht sich Cecosesola explizit nicht als Modell und ist auch nicht kopierbar. Das liegt daran, dass Transformation zwar auch ökonomisch und politisch gedacht werden muss, aber vor allem ein kultureller Prozess ist (vgl. S. 148 ff.). Im Zentrum steht die Gestaltung zwischenmenschlicher Beziehungen und damit unseres Selbst. Transformation setzt Reflexion und Selbstreflektion voraus. Das erlebte ich vor allem dann, wenn konkrete Haltungen, Handlungen und Entscheidungen

2010

2012

offen und präzise besprochen wurden, wenn der Umgang mit Kritik, Zweifeln und Emotionen einen Vertrauensraum voraussetzte – und fand. Transformation schneller zu erreichen geht oft mit der Idee einher, sie von einer Position der Macht aus zu denken. Cecosesola bricht radikal mit dieser Idee und strebt auf allen Ebenen Beziehungen auf Augenhöhe an, die auf gemeinsamen Kriterien fußen. Das gelingt in verblüffendem Maße und entlässt die Beteiligten allmählich aus Prägungen wie Kontrolle, Konkurrenz und Gewalt.

Cecosesola ist ein großer kollektiver Bildungs- und Produktionsprozess, der das Ganze der Lebensumstände (und darin das Einzelne) transformiert, ohne jemals genaue Ziele zu definieren. Die 1.300 „Cecosesoler@s" bringen sich nicht gegen den Markt in Stellung, sondern kreieren ein eigenes System und verfügen dabei über ein machtvolles Instrument, die Ökonomie zu verändern: Preissouveränität. Preise werden selbst bestimmt und auf die Bedürfnisse aller Beteiligten bezogen. Der Prozess ist so erfolgreich, dass er letztlich die Marktpreise selbst beeinflusst.

Cecosesola handelt konsequent „jenseits von Markt und Staat", und damit nach einem Commons-Prinzip, das mir auch für die sozio-ökologische Transformation relevant erscheint. „Jenseits" heißt hier nicht ohne, sondern in struktureller Unabhängigkeit von beidem. Kooperativen wie Cecosesola brauchen Respekt von staatlichen Behörden und die Anerkennung des Rechts auf Selbstorganisation – eines von insgesamt acht Prinzipien, die die Ökonomin Elinor Ostrom für gelingende Commons-Institutionen ausgemacht hat. —

Was schätzen Sie an der *politischen ökologie?*

Immer, wenn ich mich auf einen spezifischen Aspekt meines Thema – Gemeingüter/Commons – beziehen soll, schaue ich zunächst mal in mein Regalfach mit den *pös* und lasse mich inspirieren. Und meistens werde ich fündig.

Zur Autorin

Silke Helfrich ist Autorin, Gründungsmitglied des Commons-Instituts e.V. sowie Hauptautorin des deutschsprachigen CommonsBlog.

Kontakt

Silke Helfrich

E-Mail silke.helfrich@gmx.de

Frizz23 – Gemeinschaftliches Bauen in Berlin-Kreuzberg

Der Stadtteil Berlin-Kreuzberg ist bekannt für seine aufmüpfigen Bewohner(innen). Aber auch die Politik läuft hier nicht selten etwas anders ab als im Rest der Hauptstadt. Und so kam es, dass dort ein neues Verfahren für die Veräußerung und spätere Nutzung von Grund und Boden entwickelt wurde, das auch für den Rest der Republik beispielhaft sein könnte.

Im Jahr 2010 verlagerte die landeseigene Berliner Großmarkt GmbH den bisher in Kreuzberg an der Grenze zum Bezirk Mitte angesiedelten Blumengroßmarkt an einen anderen Ort. Die Blumengroßmarkthalle wurde an das gegenüberliegende Jüdische Museum verkauft, das hier sein Informationsangebot und Veranstaltungsprogramm erweitert. Der angrenzende Stadtplatz ging an das Land Berlin und eine weitere Teilfläche des Areals fand auch schnell einen direkten Abnehmer. Es war zu erwarten, dass die verbleibenden drei Baufelder, die als Mischgebiet mit Wohnungen und Gewerbeflächen ausgewiesen waren, nun auch zügig nach Höchstgebot veräußert würden. Doch stattdessen begann eine ganz andere Geschichte.

Schon im Vorfeld der Veränderungen gab es einen intensiven Austausch mit Aktiven aus unterschiedlichen urbanen Szenen und der Bürgerschaft über die Zukunft der Flächen. Ein Ergebnis dieses Dialogs und der Ideen sowie Forderungen, die am „Runden Tisch Liegenschaftspolitik" der Initiative *StadtNeuDenken* entstanden, war die Entscheidung, hier erstmals eine Konzeptvergabe von drei Grundstücken auszuprobieren, das heißt: Nicht der Höchstpreis sollte ausschlaggebend sein, sondern das beste Konzept.

Aktivist(inn)en aus dem Dialogverfahren sprachen das Berliner Architektenduo *Deadline* an, ob sie nicht gemeinsam mit ihnen ein solches Konzept abgeben wollten – sehr kurzfristig, aber ganz offensichtlich zum richtigen Zeitpunkt. Britta Jürgens und Matthew Griffin suchten sich Mitstreiter(innen) aus Kultur, Publizistik und Gewerbe und nahmen die Herausforderung an. Nach vielen Gesprächen, Entwürfen, Ein- und Ausstiegen von Beteiligten und zähen Verhandlungen mit Banken, von denen am Schluss nur eine übrigblieb, schafften sie es, ihre Idee der Gewerbebaugruppe im *Kreativquartier Blumengroßmarkt* am unteren Ende der Friedrichstraße zu verwirklichen – *Frizz23*. Das Gebäude soll im Jahr 2018 bezogen werden. *(Sally Below)*

Urbane Lebensqualität

Stadtlust durch Mitbestimmung

Von Sally Below

Eine nachhaltige Stadtentwicklung hat nicht nur mit ökologischen Bauweisen zu tun, sondern auch damit, wie die Menschen ihre Anliegen und Forderungen artikulieren und durchsetzen können.

In Städten mit einem hohen Entwicklungsdruck und dem damit einhergehenden dynamischen Immobilienmarkt wird es immer schwerer, gesellschaftliche Belange und Bedürfnisse gegenüber Partikularinteressen im Blick zu behalten und zu schützen. Wenn Stadt zukünftig für alle da sein respektive bleiben soll, sind der Umgang mit öffentlichen Gütern und die Bodenpolitik ein entscheidender Faktor. Segregation und Gentrifizierung sind Phänomene, die schwer zu regulieren sind, deshalb braucht es zukünftiq eine qanze Bandbreite an Instrumenten und Methoden, in den Immobilienmarkt einzugreifen beziehungsweise durch starke Konzepte Einfluss auf städtische Entwicklungen zu nehmen.

Nicht wenige Städte kaufen derzeit ihre Stadtwerke oder andere Einrichtungen zurück, die zu früheren Zeiten, als »die Wirtschaft« alles richten sollte, aus der Hand gegeben wurden. Und zunehmend wird auch das Thema Grund und Boden in der (öffentlichen) Debatte wichtiger. Bisher sind die Bundesanstalt für Immobilienaufgaben und die städtischen Liegenschaftsfonds so gut wie immer angehalten, Grundstücke nach dem Höchstwert zu verkaufen. Oft sind diese Einrichtungen politisch an das Ressort Finanzen gebunden, nicht an das der Stadtentwicklung – ein großes Problem für alle, die in diesem Feld arbeiten. Inzwischen gibt es Ansätze, von diesem Gebot abzurücken, doch das muss politisch gewollt und durchgesetzt werden, und hier kämpfen viele Interessierte mit harten Bandagen. Umso wichtiger ist es, dass es mehr und mehr gelungene Projekte gibt, die andere Wege aufzeigen und nicht nur im nachbarschaftlichen Sinne funktionieren, sondern auch politisch begründet werden. Hier sind beispielsweise die Co-Housing-Bewegung und Gruppen wie das *Mietshäusersyndikat* zu nennen. (1)

Kreative als Unternehmer

Wenn in Kreuzberg die erste Gewerbebaugruppe Deutschlands ein Haus errichtet - *Frizz23* - , ist das in gewisser Weise die Fortsetzung der vielzitierten „Kreuzberger Mischung" von Wohnen und Arbeiten in der Stadt (vgl. S. 42). Obwohl dort Eigentum geschaffen wird - was zunächst in einer Mieterstadt wie Berlin nicht unbedingt als wünschenswert angesehen werden könnte -, so ist doch zu bemerken, dass sich in diesem Fall Menschen, denen sonst solche Räume mitten in der Stadt nicht mehr zur Verfügung stehen, eine dauerhafte berufliche Zukunft aufbauen. Und wenn es im benachbarten Gebäude der Architekten ifau mit Heide von Beckerath Architekten neben Eigentums- auch Mietwohnungen, Ateliers, Studios, soziale Einrichtungen und großzügige Gemeinschaftsflächen geben wird, so trägt auch dies zur Erhaltung des vielfältigen Lebens in einer Gegend bei, in der immer mehr eintönige Blöcke für Büros und gehobene Eigentumswohnungen entstehen. Auch der Dialog wurde in einer *Bauhütte* auf dem Gelände während des Prozesses und nun in der Bauphase aufrechterhalten, und einige der späteren neuen Nutzer(innen) in den neuen Gebäuden planen Projekte mit und in der Nachbarschaft.

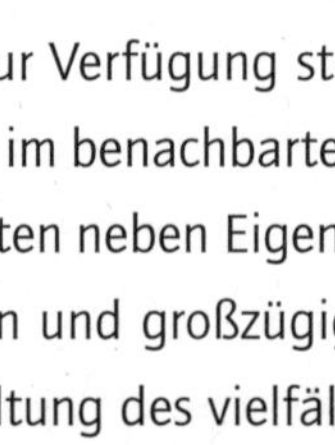

1996

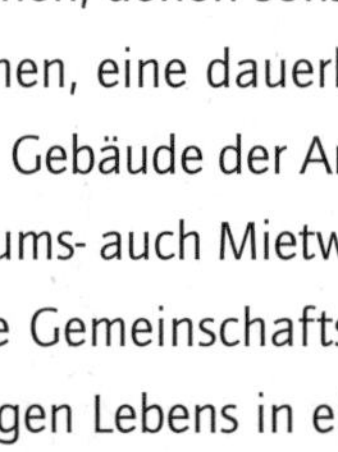

2001

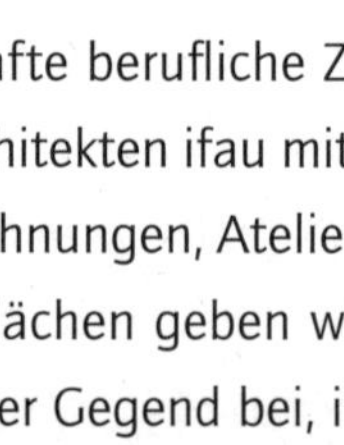

2011

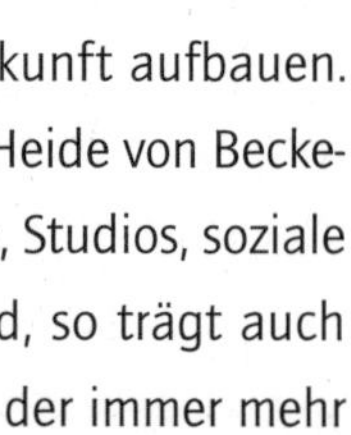

2015

Um den Entwicklungen, die vom globalen Finanzmarkt auf unsere Städte einwirken, etwas entgegenzusetzen, ist vor allem ein Umdenken der Politik nötig. In so mancher Verwaltung sind die Verantwortlichen schon deutlich weiter und reizen aus, was im Rahmen ihrer Möglichkeiten geht. In solchen Fällen werden sie zu Partner(inne)n einer neuen Stadtgesellschaft, die nicht hinnehmen will, was anderen als unabwendbar erscheint. Für die Zukunft ist es notwendig, die Erfahrungen aus solchen Modellprojekten zu teilen, sie auf größerer Ebene weiterzudenken, neue Finanzierungsmodelle zu erarbeiten und die Banken zu einem neuen Handeln zu bewegen – große Aufgaben, aber ihre Bearbeitung wird sich lohnen.
In den Worten des Architektenduos Britta Jürgens und Matthew Griffin, das die Gewerbebaugruppe initiiert hat: „Dass so eine Projektentwicklung überdurchschnittlich viel Engagement erfordern würde, war uns bewusst, aber die Zeit schien reif, es zu versuchen. Uns erschien diese Gelegenheit wie eine Aufforderung, der uns in Berlin-Mitte einkreisenden Investorenarchitektur aktiv entgegenzuwirken und am gebauten Beispiel zu zeigen, dass Stadt von vielen „kleinen" kulturellen Unternehmen ganz anders gebaut werden kann – und dass die sogenannten Kreativen endlich auch als Unternehmer ernst genommen werden sollten." In diesem Sinne sollte es weitergehen – und vor allem im ganz großen Stil!

Anmerkung

(1) www.cohousing-berlin.de und www.syndikat.org

Was schätzen Sie an der *politischen ökologie?*
Klarheit und Position.

Zur Autorin

Sally Below, geb. 1963, ist Urbanistin, Kuratorin und Inhaberin des Büros sbca in Berlin. Sie berät Städte und Institutionen bei komplexen Stadtentwicklungsprozessen und initiiert eigene Modellprojekte im urbanen Kontext.

Kontakt

Sally Below

E-Mail kontakt@sally-below.de

596 acres – This land is your land!

„Dieses Land gehört euch!" Diesen Satz konnte man 2011 an Hunderten New Yorker Brachflächen lesen. Paula Z. Segal und ihre Initiative *596 acres* markierten mit den Plakaten öffentliches Eigentum in New Yorks Stadtbezirk Brooklyn. (1) Die Anwältin wertete Katasterdaten für alle ungenutzten öffentlichen Flächen in Brooklyn aus – und kam auf beeindruckende *596 acres* – über 2,4 Quadratkilometer, das entspricht etwa 338 Fußballfeldern. Paula Z. Segal begreift die Stadt „als Gemeingut, als kollektiven Raum" und will, dass sich nicht zuletzt die Benachteiligten in den Städten diesen Raum zurückholen. Jede(r) US-Bürger(in) kann brachliegenden öffentlichen Grund für gemeinnützige Aktionen nutzen, zum Beispiel, um dort einen Gemeinschaftsgarten anzulegen und die Lebensqualität im Viertel zu erhöhen. Oft wissen die Nachbarn jedoch nicht, welche Möglichkeiten ihnen offenstehen. Inzwischen erleichtert ein interaktives Online-Tool die Suche nach öffentlichem Grund in ganz New York, und wer sich entschließt, die Gestaltung solcher Grundstücke selbst in die Hand zu nehmen, kann nützliche Anregungen und vor allem Informationen über rechtliche Bedingungen und verwaltungstechnische Vorgehensweisen bei *596 acres* einholen. Auch Finanzierungshinweise für eigene Pläne werden bereitgestellt. Zudem können Interessierte bei Workshops Gleichgesinnte kennenlernen und Erfahrungen austauschen.

596 acres bemüht sich darum, eine möglichst aktuelle Übersicht über alle gestaltbaren öffentlichen Flächen bereitzustellen. Obwohl das Projekt keine Ambitionen verfolgt, seine eigene Tätigkeit über die Grenzen New Yorks hinaus zu erweitern, unterstützt es diejenigen, die in der eigenen Stadt eine entsprechende Plattform starten wollen, mit Software und Beratung. Inzwischen gibt es solche Partnerschaften in Philadelphia, Los Angeles, New Orleans, Toronto und mit der Nachbarschaftsakademie (2) auch in Berlin. *(dw)*

Anmerkungen

(1) www.596acres.org
(2) www.nachbarschaftsakademie.org

Urbane Gemeinschaftsgärten

Wenn mehr wächst als gesät wurde

Von Christa Müller

Die junge städtische Gartenbewegung antwortet auf spezifische soziale und ökologische Problemlagen der Gesellschaft und reklamiert ihr Recht auf Stadt.

Die Welt befindet sich in einem andauernden Urbanisierungsprozess, der unterschiedliche Folgen hat. In den westlichen Ländern ruft er gesellschaftliche Neuverhandlungen um die Stadt auf den Plan. In Zeiten von Klimawandel und wachsender globaler Ungleichheit stehen die Kommunen vor der Herausforderung, den öffentlichen Raum von Partikularinteressen freizuhalten, Teilhabe zu ermöglichen, aber auch Freiräume für Naturerfahrung und Selbermachen zur Verfügung zu stellen. Der amerikanische Sozialgeograf David Harvey hält die Proteste gegen die Privatisierung öffentlicher Güter für wichtiger denn je, seit sich eine spezifisch kapitalistische Form der Urbanisierung über globale Anlagemöglichkeiten in Immobilien und Flächen herausgebildet hat.

Ein wichtiger Akteur im Feld um die Reklamierung eines „Rechts auf Stadt" (Henri Lefebvre) ist die neue urbane Gartenbewegung. Allein in Deutschland von mehr als 600 Projekten getragen, verfolgt sie eine Agenda, die weit übers Gärtnern hinausgeht. Sie begrünt Brachflächen, schafft offene Orte für alle (auch für nicht-menschliche Lebewesen), belebt Nachbarschaften, stellt konsumfreie Räume zur Verfügung, betreibt Umweltbildung, gärtnert und kocht gemeinsam mit geflüchteten Menschen (vgl. S. 50 ff.), problematisiert die wachsende Privatisierung des öffentlichen Raums, aber auch das Verhältnis von Stadt und Land sowie die globalisierte

Industrielandwirtschaft – und experimentiert auf ihren Flächen mit kleinräumigen Alternativen. Mit den urbanen Gärten ist ein Raumtypus entstanden, der Selbermachen, Wiederverwertung, Selbstorganisation und gegenseitige Befähigung in einer Weise verbindet, an die sich Schicht übergreifend anknüpfen lässt. Das spezifische Design der Räume ermöglicht die (zumindest temporäre) Interaktion unterschiedlicher Sozialmilieus durch die kollektive (Um-)Gestaltung einer Brachfläche. Die in einem Gemeinschaftsgarten verdichtete Atmosphäre von Naturerfahrung, Subsistenz und nicht-kommerziellen Aktivitäten vermittelt einen Eindruck davon, dass Urbanität auch ganz anders sein könnte.

Parallelen zu New York

Insofern ist die urbane Gartenbewegung eine sozial-ökologische Bewegung neuen Stils, sie antwortet auf spezifische Problemlagen der Gegenwartsgesellschaft. Keineswegs ist sie eine modernisierte Form des Schrebergärtnerns und sie hat sich auch nicht nach dem Vorbild der New Yorker Community Gardens entwickelt, wie die Medien stets aufs Neue referieren. Entstanden in Reaktion auf die Verwahrlosung ganzer Stadtviertel werden die Community Gardens in New York heute – insbesondere in der Bronx und in Harlem – von städtischen Armen genutzt, um in einem häufig extrem kleinen Grünraum zwischen Brandmauern gemeinsam mit anderen Zeit zu verbringen. Community Gardens erfüllen für viele, die in beengten Verhältnissen leben, die wichtige Funktion von »Wohnergänzungsräumen«, aber sie wollen weder mit der Stadt kommunizieren noch Experimentierraum für neue Lebens- und Arbeitsformen sein.

2002

2011

Jedoch: Zur etwa gleichen Zeit wie in Berlin, Leipzig oder München, also nach 2008, entstanden auch in New York Gemeinschaftsgärten des neuen Typs, die sich explizit als gesellschaftspolitische Projekte verstehen. Die neuen Gärten diesseits und jenseits des Atlantiks ähneln sich verblüffend in Konzept, Design und Vision, hier wie dort erproben sie einen unabhängigen Do-it-yourself-Ansatz. Der Berliner Prinzessinnengarten wäre demnach nicht mit einem Community Garden in der Bronx vergleichbar, sondern eher mit einem Projekt wie der Smiling Hogshead Ranch in Queens. Hier besetzten Aktivist(inn)en ein stillgelegtes Bahngelände des New Yorker U-Bahnbetreibers MTA (Metropolitan Transportation Authority), bevor es mit einem von der Organisation *596 acres* (vgl. S. 46) ausgehandelten Zwischennutzungsvertrag legalisiert wurde.

Dass beide Bewegungen – ohne voneinander zu wissen – zur selben Zeit und mit einer ähnlichen Agenda entstehen, legt den Schluss nahe, dass sie auf vergleichbare gesellschaftliche Entwicklungen reagieren, insbesondere auf die Ausrichtung städtischer Politik an den Interessen globalisierter Unternehmen sowie auf fehlende Grünräume. Sie stehen für einen Paradigmenwechsel in der Vergabepolitik von kommunalen Gütern, für ein Selbstverständnis der Stadt als Sachwalterin der Daseinsvorsorge und für eine Stadt, die öffentliche Grünräume nicht nur als Antworten auf den Klimawandel, sondern auch auf fehlende Umweltgerechtigkeit neu in Wert setzt.

Was schätzen Sie an der *politischen ökologie?*
Dass sie mich schon so lange begleitet. Und ich sie manchmal auch.

Zur Autorin
Christa Müller, geb. 1960, ist Soziologin und leitet die Forschungsgesellschaft anstiftung in München.

Kontakt
Dr. Christa Müller
E-Mail christa.mueller@anstiftung.de

Die Jugendgruppe des theater morgenstern

Rund 20 Jugendliche aus Syrien, Afghanistan, Iran, Deutschland und anderswo gehören der Jugendgruppe des theater morgenstern an, manche sind von der Gründung vor zwei Jahren an dabei. (1) Seit dieses Theater seine Spielstätte im Berliner Rathaus Friedenau mit einer Unterkunft für Geflüchtete teilt, erkundet es verstärkt künstlerische Wege hin zu einem Zukunft stiftenden Miteinander in kultureller Vielfalt.

Einige der Jugendlichen durchqueren für die wöchentlichen Proben halb Berlin. Denn hier ist ein Theater, das nicht nur einzelne Projekte anbietet, sondern eine denkbar bunte Gruppe beherbergt, in der Beziehungen wachsen können und spannende Prozesse ablaufen. In der Tat ist viel geschehen: Für die erste Aufführung Ende 2015 hatte ihr Leiter Selim Cinar, Schauspieler und Theaterpädagoge mit türkischen Wurzeln, die Gruppe, die damals noch überwiegend aus geflüchteten Jungen bestand, ermutigt, selbst ausgedachte kleine Szenen auf die Bühne zu bringen. Beim Zuschauen stockte einem der Atem, als erkennbar wurde, in welchem Maß diese jungen Leute gewaltgetränkte Bilder in sich tragen. Doch - wen wundert's - wenigstens konnte hier das, was ist, mal gemeinsam angeschaut werden.
Die Gruppe hat eine fantastische Entdeckungsreise zurückgelegt. Die Stücke werden im Laufe der vergangenen zwei Jahre immer poetischer, humorvoller, tiefer. Die bislang jüngste Produktion, „Herakles: 12 things to do", fragt: Was wären Heldentaten der Gegenwart? Gibt es eine Tat, die ich in meinem eigenen Umfeld setzen kann, eine kleine, präzise, kreative Tat, kraft derer die Welt vielleicht ein bisschen besser wird?
Parallel zur Erarbeitung des Bühnenstücks arbeiteten die Jugendlichen in der „Werkstatt Lebenstat" auf der Grundlage des Erweiterten Kunstbegriffs (Beuys). Dort halfen kreative Prozesse, sich mit dem je eigenen schöpferischen Potenzial zu verbinden. Im Ergebnis beschloss Mohammad, eine Freundlichkeitsoffensive in der U-Bahn zu starten, belebte Lilly gärtnernd eine verödete Straße, schwebt Aysooda ein Gesprächskreis Religionen vor, ... und das Publikum erlebte einen mitreißenden Theaterabend. *(Hildegard Kurt)*

Anmerkung
(1) www.theater-morgenstern.de

Lebenskunst

Dorthin, wo wahre Freiheit ist

Von Hildegard Kurt

Jeder Mensch trägt die nötige Freiheit und Kraft in sich, um den Wandel hin zu einer menschenwürdigen Zivilisation mitzugestalten. Die Kunst hilft ihm, beides zu aktivieren.

Wie geht Integration? Wie kann kulturelle Vielfalt als Reichtum erfahrbar werden? Wie sieht Prävention von Radikalisierungen konkret aus? Auf derlei brennende Fragen einer um Zukunftsfähigkeit ringenden Gesellschaft praktiziert das theater morgenstern Antworten (vgl. S. 50). Denn hier fungiert das Theater als geschützter und zugleich freier Raum des Werdens und der Potenzialentfaltung.
E., mit 15 Jahren unbegleitet geflüchtet und jetzt 17, hat ein dickes Veilchen wegen einer Schlägerei am Vortag, erscheint aber dennoch zur „Werkstatt Lebenstat". Beim „Malen, um zu verstehen" wird bald erkennbar, wie dieser Prozess ihn ganz absorbiert. Im anschließenden Austausch teilt er mit, phasenweise fände er sich selbst unausstehlich und verhalte sich dann auch so. A., 17 und ebenfalls unbegleitet geflüchtet, zeigt bei der Abschlusspräsentation ein mit dem Handy gefilmtes, wunderbar poetisches Video von einem roten Drachen, der, selbst gebaut, vor der hohen fensterlosen Fassade eines Gewerbegebäudes neben A.s Unterkunft in den blauen Himmel emporzusteigen sucht und dabei immer wieder abzustürzen droht. Beim Zuschauen erinnern sich manche Mitglieder der Jugendtheatergruppe, was ihnen A. von seiner Mutter erzählt hat, die ihm einst mitgab: Er werde es immer schwer haben, aber seinen Weg finden.
Selim Cinar, Leiter der Gruppe, weiß selbst nur zu gut, was Fremdenfeindlichkeit, aber auch innere Passivität bedeuten. Das trägt zu seiner Glaubwürdigkeit bei. Er

kennt sich mit Kampfkünsten und Tanzrichtungen aus, während ihm zugleich Humor, Fantasie und tiefe Humanität eigen sind. Die Jungs nennen ihn gern „Bruder". Es gibt Momente bei den Proben, in denen fast mit Augen sichtbar wird, wie die Jugendlichen, auch die Mädchen, sich innerlich an Selims Persönlichkeit hochranken. Die Arbeit dieser Theatergruppe erweist sich als »Spielraum« im denkbar tiefsten Sinn. Hier wird es möglich, sich selbst und einander jenseits oberflächlicher Zuschreibungen zu erleben; spielend verinnerlichte Automatismen zu lockern; sich nicht mehr isoliert zu fühlen, sondern Teil einer lebendigen, kreativen Gemeinschaft zu sein; auf einer Bühne gesehen zu werden in neu erschlossener Präsenz und Gestaltungskraft.

Treibstoff für gelebte Nachhaltigkeit

Der russische Philosoph Grigorij Pomeranz – er verstarb 2013 hochbetagt und bettelarm – gilt in seinem Land quer durch die politischen Lager als eine von wenigen moralischen Autoritäten. In einem Brief schrieb er einmal: „Eine der Aufgaben der Schule und der Kultur insgesamt besteht darin, den Menschen in seine eigene Tiefe zurückzuversetzen, dorthin, wo er die wahre Freiheit erlangen kann, die Freiheit davon, wie ein Zombie programmiert zu werden." In Zeiten extremistischer Menschenfänger, einer allgegenwärtigen, digitalen Zerstreuungsindustrie und übermächtiger Konsumverlockungen wird offenkundig, welch elementarer Treibstoff jene Freiheit, von der Pomeranz spricht, für den Wandel in Richtung Nachhaltigkeit ist.

Vom Feld der Kunst aus hat namentlich Joseph Beuys – einst Pionier der Umweltbewegung und Mitbegründer der Partei Die Grünen – diese Tiefendimension vor

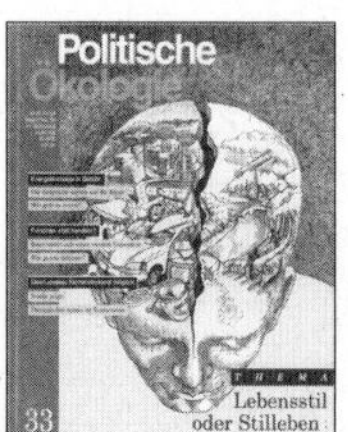

1993

2001

2002

Augen gehabt. Seine Formel „Jeder Mensch ein Künstler" verweist darauf, dass Jede(r) die nötige Freiheit und Kraft in sich trägt, um den Wandel hin zu einer überhaupt erst menschenwürdigen Zivilisation mitzugestalten. Vor diesem Hintergrund handelt ästhetische Bildung, wie im theater morgenstern exemplarisch praktiziert, davon, Räume zu schaffen, in denen die Würde des Menschen als im Innersten freies, schöpferisches Wesen aufscheinen kann. Solche Menschenbildung veranlagt stets auch Mündigkeit als Mitglied von Gemeinschaften.

Welche Unterstützung aus Politik und Zivilgesellschaft braucht es, um aus diesem Modellprojekt Mainstream zu machen? Dreierlei: Die Kulturpolitik sollte Rahmenbedingungen dafür schaffen, dass kreative Menschen mit Migrationshintergrund aufgrund ihrer besonderen Kompetenzen verstärkt als Wegbereiter(innen) für Integration und als Brückenbauer zwischen Kulturen fungieren können. Die Förderprogramme der öffentlichen Hand in den Bereichen Kultur und Kunst sollten über punktuelle Projekte hinaus ein kontinuierliches Arbeiten unterstützen. Und schließlich stünde es den Medien sehr gut an, mehr über Wegweisendes wie die Jugendarbeit des theater morgenstern zu berichten (vgl. S. 63 ff.).

An der *politischen ökologie* schätze ich ...

... wie ihre beeindruckende Kontinuität frisch und entwicklungsfreudig daherkommt.

Zur Autorin

Hildegard Kurt, geb. 1958, ist Kulturwissenschaftlerin, Autorin und Mitbegründerin des und.Instituts für Kunst, Kultur und Zukunftsfähigkeit. Sie zählt zu den Pionier(inn)en auf dem Terrain von Kunst, Kultur und Nachhaltigkeit.

Kontakt

Dr. Hildegard Kurt

E-Mail h.kurt@und-institut.de

Urban Poor Associates – die Armen organisieren sich

Die philippinische Regierung setzt seit 2009 in Metro-Manila ihr sogenanntes Flood Control Program zum Schutz vor Überflutungen um. Es sieht vor, dass zwischen Flussufern und Wohngebieten eine drei Meter breite Pufferzone einzuhalten ist. Während sie den Schutz der Menschen vor klimawandelbedingten Überflutungen grundsätzlich begrüßen, gehen viele philippinische NGOs davon aus, dass die Einführung der Pufferzone nur ein Winkelzug ist, um längst geplante Vertreibungen von Menschen aus informellen Siedlungen umzusetzen. Dieser Ansicht ist auch die UPA, die philippinische Urban Poor Associates, die seit den 1970er-Jahren Organisationsprozesse in städtischen Elendsvierteln fördert, die Armenbevölkerung vor Vertreibung schützt und Eigentumstitel zur Sicherheit der betroffenen Gemeinden klärt. (1) Sie wird seit 2007 bei ihrer Bildungs-, Organisations- und Lobbyarbeit sowie in der Rechtsberatung von Misereor unterstützt. Hunderttausende Menschen, die auf den Philippinen in wilden Siedlungen in Ufernähe gewohnt haben, mussten im Zuge des Flood Control Program bereits ihre Bleibe verlassen. Die ihnen vom Staat angebotenen Wohnalternativen befinden sich oft 40 bis 50 Kilometer weit entfernt und sind infrastrukturell nicht erschlossen, sprich: Dort ist weder für Schulen, Krankenstationen, Wasser, Strom noch für Transport gesorgt. Nicht selten bedeutet ein Umzug in eine solche Siedlung, dass der Weg zur Arbeit bis zu vier Stunden dauert, wofür bis zu einem Drittel des Tagesverdiensts aufgewendet werden muss.

Ein Gegenmodell ist die Umsetzung des Flood Control Program am Estero de San Miguel, einem Schifffahrtskanal in Manila. Hier hat der philippinische Staat aufgrund des gemeinsamen Drucks der Betroffenen und unterstützt von UPA ein Grundstück für 172 Familien erworben, die dort zuvor informell gelebt haben, und Wohnungen für sie gebaut. Die ersten 21 Haushalte sind inzwischen in die neuen, vom Innenministerium finanzierten Wohnungen von knapp 30 Quadratmeter Größe umgezogen – diese Familien können somit in ihrer ursprünglichen Wohngegend verbleiben. Die am Estero de San Miguel gewählte Umsetzung des Flood Control Program verdeutlicht, dass kreative Lösungen möglich sind, wenn die Betroffenen organisiert sind und den Entscheider(inne)n den politischen Willen abringen. *(Pirmin Spiegel)*

Anmerkung

(1) www.urbanpoorassociates.org

Religion und Nachhaltigkeit

Wenn die Hoffnung einzieht

Von Pirmin Spiegel

Wer Menschen unterstützen will, die unter Armut und Umweltproblemen leiden, findet in deren religiöser Verwurzelung eine kräftige Verbündete.

Im Jahr 2050 werden etwa zwei Drittel der Menschheit in Städten wohnen. Das Wachstum der Städte wird vor allem in den Schwellen- und Entwicklungsländern Afrikas und Asiens stattfinden. In Metro-Manila auf den Philippinen wird konkret erfahrbar, was das heißt: Hier leben heute knapp 13 Millionen Menschen, im Ballungsraum darum weitere zehn Millionen. 2009 wurde die Stadt von einem starken Taifun getroffen, der mehr als tausend Menschenleben forderte. Seitdem gibt es verschiedene Initiativen, den Stadtraum, der am Meer liegt und von Flusssystemen durchzogen ist, vor Überflutungen zu schützen. Oft siedeln städtische Arme auf Grundstücken, für die sie keinen Eigentumstitel besitzen, auf öffentlichem Terrain, häufig auch in risikoreichen Gebieten entlang der Flussläufe und unter Brücken, an steilen Berghängen oder an Bahngleisen. Diese Flächen sind es aber, die gerade zur Sicherung des Stadtraums infrastrukturell umgestaltet werden. So auch am Estero de San Miguel, einem Seitenarm des Flusses Pasig in Manila. Der philippinischen Organisation Urban Poor Associates (UPA) ist es dort zusammen mit den Bewohner(inne)n gelungen, ihren Verbleib zu erreichen, legalisierte Wohnungen zu erhalten und gleichzeitig den Bau von Schutzmaßnahmen gegen die Folgen weiterer Taifune zu ermöglichen (vgl. S. 54). Die geschaffenen Überlaufflächen dienen für den ökologischen Anbau von Gemüse (vgl. Abb. S. 54).

Die UPA tritt dafür ein, dass auch arme Menschen selbst über ihr Leben bestimmen können und ihre Rechte gewahrt werden, zwei wesentliche Aspekte von wertegeleiteter Arbeit. Für die Menschen am Estero de San Miguel kommt ein Aspekt hinzu: ihr Glaube, dass „Mama Mary", die Mutter Jesu, sie schützen wird. Schon Ende der 1990er-Jahre hatten sich die Anwohner(innen) wöchentlich zum Rosenkranzgebet getroffen, über ihr Leben im Licht der christlichen Botschaft meditiert und über die »Hölle«, in der sie bereits zu leben glauben, nachgedacht. Sie hoffen mit der Kraft Marias auf ein Leben in Würde für sich und für alle Menschen. Eine Erfahrung, die für viele in unserer westlichen, stärker säkularisierten Gesellschaft kaum nachvollziehbar ist. Doch Mama Mary lebte bereits in den alten Häusern der Kanalbewohner(innen) und zog 2016 mit ihnen in die neuen Häuser um.

Das gemeinsame Engagement der Verschiedenen

Im Rückblick stellt UPA fest: Das Projekt am Estero de San Miguel hat funktioniert, weil die Bevölkerung schon eine gute Basis gelegt hatte, auf der die Organisation mit ihrer Arbeit aufbauen konnte. Im gemeinsamen Gebet und Austausch haben die Anwohner(innen) Vertrauen zueinander gefasst und eine Vision für ihr Zusammenleben und die Gestaltung ihres Viertels entwickelt. In dieser Vision haben übrigens auch Muslime Platz, die nicht an die Hoffnung gebende Kraft von Mama Mary glauben. Religion – hier sichtbar am Beispiel christlichen Glaubens – motiviert, legitimiert Werte und ermöglicht Gemeinschaft.
Misereor unterstützt die Arbeit von UPA mit Menschen, die von Armut und Umweltproblemen betroffen sind, unabhängig von Religion, Herkunft, Geschlecht. Auf

1996

2016

diese Weise reagiert das Bischöfliche Hilfswerk bewusst aus seinem Verständnis einer integralen Ökologie, bei der soziale und ökologische Dimensionen zusammengedacht werden. Werte wie Gerechtigkeit und Schutz der natürlichen Lebensgrundlagen spielen eine wesentliche Rolle im Projekt am Estero de San Miguel.

Der Einfluss von Religionen und anderen, auch säkularen Wertesystemen auf Entwicklungsprozesse wird seit etwa 20 Jahren deutlicher wahrgenommen. Entwicklung und die Kritik daran lassen sich nicht mehr ohne Verwurzelung in kulturellen respektive religiösen Überzeugungen und Prozessen denken. Mit dem stärker werdenden Bewusstsein, dass wir in einer pluralen, vielfältig fragmentierten Weltgesellschaft leben, wächst die Bereitschaft, andere Religionen und Wertesysteme als legitim und lebensstiftend anzuerkennen. Dafür braucht es den Dialog, der auch Kritik erlaubt, wenn Religionen und Werte nicht dem Leben dienen. Angesichts der globalen Problemlagen ist es notwendig, über diese Unterschiede von Religionen und Wertesystemen hinweg zusammenzuarbeiten. Frucht des Dialogs sind Bündnisse, die zu einem gemeinsamen Engagement der Verschiedenen und jeweils Anderen führen. Das geht wiederum nicht ohne Hoffnung, die eigene Lebenswelt gerechter und nachhaltiger gestalten zu können. Dafür, dass die Hoffnung genährt wird und der lange Atem nicht ausgeht, dafür müssen sowohl die Religionen als auch jede(r) Einzelne Sorge tragen.

An der *politischen ökologie* schätze ich ...
... dass sie einen nicht mehr loslässt, wenn man Feuer gefangen hat.

Zum Autor
Pirmin Spiegel, geb. 1957, römisch-katholischer Geistlicher und Entwicklungshelfer, ist seit 2012 Hauptgeschäftsführer und Vorstandsvorsitzender des Bischöflichen Hilfswerks Misereor.

Kontakt
Monsignore Pirmin Spiegel
E-Mail pirmin.spiegel@misereor.de

Das Parosphromenus-Projekt

Parosphromenus ist der Gattungsname der Prachtguramis: Das sind etwa vier Zentimeter kleine, äußerst farbenprächtige Labyrinthfische, deren Entdeckung sowie Erkenntnisse über Vorkommen und Verhalten die Wissenschaft weitgehend Aquarianer(inne)n verdankt. (1) Prachtguramis kommen im fast mineralfreien, extrem sauren Schwarzwasser der ehemals ausgedehnten Torfsümpfe der feuchten Urwälder Malaysias und Indonesiens vor. Dabei handelt es sich um klimarelevante CO_2-Senken, die aber gegenwärtig zugunsten riesiger Palmölplantagen gerodet und trockengelegt werden.

Das *Parosphromenus-Projekt* wurde 2010 von internationalen Wissenschaftler(inne)n in Kooperation mit kritisch denkenden europäischen Aquarienfreund(inn)en als ausdrückliches Citizen-Science-Projekt gegründet (vgl. S. 59). Es unterstützt auf der malayischen Halbinsel und Inseln wie Sumatra oder Borneo Bemühungen, die Prachtguramis und ihre Lebensräume zu erhalten. (2) Die Idee des Projektes ist, Aquarienliebhaber(innen), welche die vom Aussterben bedrohten kleinen Fische aus den Torfsümpfen der noch nicht trockengelegten südostasiatischen Urwälder pflegen und züchten, weltweit zu sammeln und als Aktivist(inn)en gegen die Vernichtung der südostasiatischen Sümpfe tätig werden zu lassen. Dies geschieht durch globale Aufklärung, Erhaltungsmaßnahmen und Unterstützung des lokalen Widerstands gegen die Trockenlegung. Das Internet öffnet hierfür neue Pfade: Heute sind mit etwa 500 die meisten der auf diese Fische spezialisierten Personen aus 46 Ländern auf allen Kontinenten Mitglieder und Aktivist(inn)en des rein ehrenamtlichen Parosphromenus-Netzwerks. Dessen Webseite gilt als verbindendes Kommunikationszentrum und wird vollständig ohne Sponsorengelder betrieben.

Einer der Erfolge des Projekts ist die Rettung von Parosphromenus deissneri: 2016 war noch berichtet worden, dass die auf der kleinen Insel Bangka endemische, also weltweit nur dort vorkommende Art ausgestorben sei, weil alle bekannten Fundstellen völlig zerstört waren; im März 2017 entdeckte einer der Projektaktivisten, ein chinesischer Student, den Fisch in einem noch nie vorher besuchten und kaum erreichbaren kleinen Restareal. Es soll aufgekauft werden.

(Peter L. W. Finke)

Anmerkungen

(1) wikipedia.org/wiki/Prachtguramis

(2) www.parosphromenus-project.org

Citizen Science

Ein Hoch auf die Amateure

Von Peter L. W. Finke

Die wissenschaftliche Arbeit forschender Laien kann einen wesentlichen Beitrag zum Kampf gegen zerstörerische ökonomische Ideen oder den fortschreitenden Klimawandel leisten.

Citizen Science (oder Amateurwissenschaft) ist zugleich Gegenentwurf und Ergänzung zur beruflich betriebenen Wissenschaft. Ihre Anhänger(innen) forschen ehrenamtlich zu Themen aus ihren eigenen Erfahrungsfeldern und sind unabhängig von Geldgebern und organisatorisch-institutionellen Rahmenbedingungen. Sie konkurrieren nicht mit der Berufswissenschaft, sondern ergänzen sie um Basiswissen, meiden deren Zwänge und Hierarchien und haben dadurch entscheidende Vorteile: Citizen Science findet außerhalb des wissenschaftlichen Elfenbeinturms statt und ist nicht den die Freiheit beschränkenden akademischen Hürden oder Einflussnahmen aus Wirtschaft und Politik ausgesetzt.

Das *Parosphromenus-Projekt* (vgl. S. 58) zeigt beispielhaft, wie forschende Laien auch in fremden Erdregionen weitreichende ökologische und soziale Veränderungen anstoßen können. Es vermag, die Erfahrung einer Liebhaberei im heimischen Umfeld – die Aquaristik – mit dem Problem der globalen Kultur- und Naturvernichtung zu verknüpfen. So eröffnet das Projekt engagierten Aquarianer(inne)n neue Handlungs- und Einflussmöglichkeiten. Dazu zählt etwa, die Hobbypraxis selbst weniger industrieabhängig zu gestalten, den lokalen Widerstand gegen die Trockenlegung der ostasiatischen Sümpfe, in denen unter anderem die Prachtguramis leben, zu unterstützen sowie Restbiotope anzukaufen.

> **„Das *Parosphromenus-Projekt* vermag, die Erfahrung einer Liebhaberei im heimischen Umfeld mit dem Problem der globalen Kultur- und Naturvernichtung zu verknüpfen."**

Billiges Palmöl, der Grund für die Zerstörung der Torfsümpfe durch lukrative Palmölplantagen, ist in vielen Produkten enthalten, etwa Kunststoffen, Kosmetika oder Treibstoffen. Wer diese Produkte kauft, beteiligt sich an der Zerstörung von Regionen mit der artenreichsten Biodiversität der Erde und an der Kulturvernichtung und Vertreibung indigener Völker, die seit Urzeiten im Urwald leben. Durch Aufklärung erreicht das Parosphromenus-Projekt fernab vom Geschehen lebende Menschen - hiesige Aquarianer(innen) und ihr Umfeld - und bringt sie dazu, ihr Einkaufsverhalten und ihre Freizeitpraxis zu verändern.

Ignoranz überwinden

Citizen Science kann einen wesentlichen Beitrag zum Kampf gegen zerstörerische ökonomische Ideen oder auch gegen den fortschreitenden Klimawandel leisten. Um die positiven Erfahrungen aus solchen Projekten fruchtbar zu machen und ihre Wirkung zu erhöhen, braucht es den politischen Willen, die verbreitete Ignoranz gegenüber der Laienforschung abzubauen. Was den Schutz der Prachtguramis

1997

2005

2015

angeht, müssen viele Disziplinen daran mitwirken, wirtschaftspolitisch attraktive Alternativen zur Vernichtung der natürlichen und kulturellen Ressourcen Malaysias und Indonesiens zu entwickeln.

Stärkere mediale Unterstützung tut not, um die Menschen in Deutschland darüber aufzuklären, dass sie durch den Verzicht auf Palmölprodukte daran mitwirken können, die Zerstörung der Biodiversität in den Torfsümpfen Südostasiens zu vermindern. Essenziell hierfür ist auch die Mitwirkung der Aquarianer- Verbände, die bislang vorrangig das Image ihres für die Biodiversität vermeintlich harmlosen Hobbys pflegen. Entsprechend muss auch die Aquaristik-Industrie ihren profitorientierten Umgang mit dem kostbaren Handelsgut lebender Pflanzen und Tiere verändern, die man zu Unterhaltungszwecken aus Ländern des globalen Südens importiert. Damit sie das tut, muss die Branche den Druck von der Basis zu spüren bekommen.

Was schätzen Sie an der *politischen ökologie?*
Dass keiner der vielen Lobbyisten, Anpasser und Längsdenker auf ihren Seiten eine Chance bekommt.

Zum Autor
Peter L. W. Finke, geb. 1942, war bis 2006 Professor für Wissenschaftstheorie an der Universität Bielefeld und gilt als führender Experte für Bürgerwissen im deutschsprachigen Raum. Im oekom verlag hat er zwei Bücher zu Citizen Science veröffentlicht.

Kontakt
Prof. Dr. Dr. Peter L. W. Finke
E-Mail peter.finke@t-online.de

Der Mediendoktor Umwelt

Beim Projekt *Mediendoktor Umwelt* der TU Dortmund bewerten erfahrene Journalist(inn)en die Umweltberichterstattung deutscher Medien anhand von 13 Qualitätskriterien: darunter Kontext, Faktentreue, Umgang mit Quellen oder Pro- und Kontra-Bezüge. (1) Sie wurden von Holger Wormer, Professor für Wissenschaftsjournalismus, und der Projektredakteurin Wiebke Rögener sowie in Abschlussarbeiten und mit Studienseminaren entwickelt.
Verändert hat der *Mediendoktor* bereits die empirischen Erkenntnisse zur deutschen, forschungsnahen Umweltberichterstattung, die er praxisnah untersucht. Denn nach einer Analyse der ersten 50 begutachteten Beiträge wurde klar, was im Argen liegt und was Medien gut machen: Recht selten werden Umweltprobleme aufgebauscht oder verharmlost. Nur in sechs Artikeln fanden sich klare Faktenfehler. Häufig wurde allerdings die Aussagekraft von Fakten nicht deutlich genug dargestellt. So erklärt der CO_2-Ausstoß eines Landes für sich genommen nichts, wenn er nicht in Bezug gesetzt wird – zu Vorjahren, dem Ausstoß anderer Staaten oder Zielmarken. Häufig versäumen es Journalist(inn)en auch, verschiedene Standpunkte zu recherchieren; Tendenzen zur Einseitigkeit sind erkennbar.
Das größte Problem ist aber der fehlende Kontext: 42 von 50 Zeitungsartikeln, Radioanalysen und Onlinestücken berichteten nur linear über Umweltprobleme und setzten sie in keinerlei Bezug zu wirtschaftlichen, sozialen oder politischen Hintergründen. Damit gibt das Ergebnis einen Hinweis darauf, wo es in den meisten Redaktionen hapert: an der Verknüpfung einzelner Dimensionen der Nachhaltigkeit. Grund dafür ist mangelnde Zeit für Recherche sowie fehlende Freiräume zum Nachdenken, Vernetzen und Anknüpfen. Zur Darstellung des breiten Feldes der Nachhaltigkeit mit verbundenen Einzelthemen ist diese Kreativzeit eine entscheidende Größe. Andernfalls geht die Komplexität der Materie zu oft im eiligen Takt des mittlerweile hochgradig verdichteten Redaktionsalltags unter. *(Torsten Schäfer)*

Anmerkung
(1) medien-doktor.de

Die Rolle von Umweltpublikationen

Die grünen Seiten der Transformation

Von Torsten Schäfer

Noch ist Nachhaltigkeit nicht journalistischer Mainstream. Doch die Zahl umweltjournalistischer Projekte steigt und immer mehr Medienschaffende denken in sozial-ökologischen Bezügen.

Deutsche Medien sind ergrünt. Sie berichten viel häufiger als früher über Themen wie nachhaltiges Wirtschaften, Energiewende oder Bio-Essen. Der Nachhaltigkeitsbegriff taucht etwa doppelt so oft in der Berichterstattung auf wie noch vor 20 Jahren. (1) Auch auf Produktebene ist der Wandel sichtbar: Neuere Printmagazine wie *Oya, Enorm, Ö, Greenup* oder *Futurzwei* besetzen nun die grüne Magazinnische, in der bislang neben dem *Greenpeace Magazin* und *Natur* vor allem Fachzeitschriften wie *politische ökologie* oder *Forum Nachhaltig Wirtschaften* dafür sorgten, dass die Themen der Umwelt- und Nachhaltigkeitswissenschaften nach draußen drangen.

Zunehmend sind auch grüne Online-Portale entstanden wie *Utopia.de, Klimaretter.info* oder *WiWoGreen*. Außerdem wurde rund um den Nachhaltigkeitsjournalismus eine Infrastruktur geschaffen, die das grüne Mediengeschehen bewertet, fördert und untersucht. Getragen werden die Forschungsprojekte, Rechercheplattformen und Seminare von Stiftungen, Hochschulen und Akademien. In der breiten Öffentlichkeit ist diese neue Metastruktur bisher kaum sichtbar geworden. Einzig Medien- und Umweltfachzeitschriften haben über diese Entwicklung sowie die zunehmenden Ergebnisse aus der umweltjournalistischen Forschung berichtet. Ein Baustein der neuen Struktur ist das *Netzwerk Weitblick*, das sich seit 2015 für Nach-

„Begriffe wie Große Transformation oder Anthropozän bleiben in der journalistischen Nische und dem breiten Publikum gänzlich unbekannt."

haltigkeit im Journalismus einsetzt. Ein Jahr früher ging *Grüner-Journalismus.de* von der Hochschule Darmstadt online. Die Plattform fördert die Berichterstattung zu Nachhaltigkeitsthemen mit Dossiers, Linklisten, einem Blog und Interviews. Einen engeren Fokus hat das Portal *Clean Energy Wire*, das die deutsche Energiewende für ausländische Journalist(inn)en greifbar machen will. Die Mittel kommen von der European Climate Foundation und der Mercator-Stiftung, die auch die Seite *klimafakten.de* unterstützt.

Ebenfalls zugenommen hat die Zahl grüner Journalistenpreise; 15 sind es inzwischen. Und es gibt mittlerweile mehr klima- und umweltjournalistische Kurse privater Träger wie auch von Medienhochschulen, so etwa in Ansbach, Nürnberg, St. Augustin, Darmstadt und Dortmund, wo die Technische Universität seit 2013 das Gutachterprojekt *Mediendoktor* Umwelt betreibt (vgl. S. 62).

Eine Frage des Engagements

Die Wirkung der neuen Metaebene ist schwer abzuschätzen – auch da es um Verschiedenes geht: um Einzelthemen, eher wissenschaftsbasierten Umweltjournalismus oder doch eine weitgefasste, mediale Nachhaltigkeit. Auf das N-Wort können sich die meisten Akteure einigen. Begriffe wie Große Transformation und Anthropozän bleiben dagegen in der journalistischen Nische und – in begriffsverliebten Wissenschaftskreisen oft unterschätzt – dem breiten Publikum gänzlich unbekannt, wenngleich sie in neuem Ausmaß zeigen, was für das Leben auf dem Planeten zu tun ist (vgl. S. 127 ff.).

Über die Engagementfrage diskutiert der Journalismus auch wieder, vor allem wegen der Bewegung des konstruktiven Journalismus, der stärker über Handlungsmöglichkeiten berichten will und auch hierzulande Medien wie *Perspective Daily* hervorgebracht hat. Damit entsteht neuer Raum für eine offenere Rollendebatte eines Journalismus, der lange mit dem Nachrichtenmoderator Hanns-Joachim Friedrichs betont hat, dass man sich mit keiner Sache gemeinmachen dürfe, auch nicht mit einer guten. Bei der „Sache" wird allerdings selten unterschieden, ob es sich um Einzelthemen in der Nachrichtenauswahl handelt oder um universelle Errungenschaften wie Demokratie oder Nachhaltigkeit. Die journalistische Rollendebatte ist zwar transformationsaffiner geworden. Dennoch wollen sich Journalist(inn)en ungern als „Transformationsagent(inn)en" oder dergleichen bezeichnen lassen. Sie bleiben, was sie sind: unabhängige Informationshandwerker(innen). Viele haben allerdings erkannt, dass es grundlegend relevant geworden ist, die Erdabhängigkeit anzuerkennen, in der menschliche Gesellschaften stehen.

Qualitäts-Umweltjournalismus braucht Geld

Damit Journalist(inn)en weiter ein eigenes, sozial-ökologisches Denken aufbauen können, muss die neu entstandene Metastruktur aus Hochschulen und Stiftungen verstetigt werden. Denn viele Projekte sind nicht dauerhaft finanziert. Derzeit ist es der hiesigen Medienzunft leider keine Debatte wert, inwieweit dafür öffentliche Gelder zur Verfügung stehen. Es geht um Systeme der Medienförderung, die in skandinavischen Ländern mit Erfolg kleine Redaktionen und Titel erhalten haben, gerade in der Provinz. Denn dort, in der Fläche und bei den vielen kleinen Medien, liegt das eigentliche, kommunikationsökologische Problem: eine durch extremes Sparen entstandene Knappheit der Ressourcen Geld, Personal und (Recherche-)Zeit. Wenn es hieran fehlt, ist es schwer, Nachhaltigkeit im journalistischen Mainstream stärker zu verankern. Dabei wäre das die sinnvolle Kür.

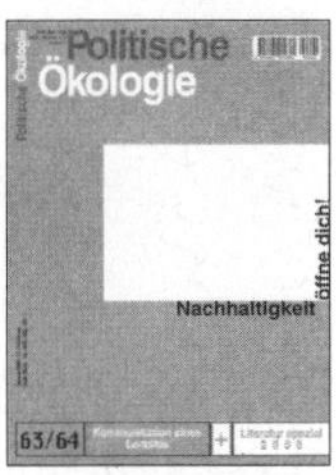

2000

Die nötige Pflicht sind Strukturen, die Qualitätsjournalismus in der Breite möglich machen. Deshalb kommt eine ernsthafte Debatte über Journalismus und die Große Transformation nicht ohne die Frage nach alternativen Finanzierungswegen aus, die im marktliberalen Verlegergewerbe wenig beliebt ist. Doch Journalismus hat Verfassungsrang, ist zuerst gesellschaftsorientiertes Verantwortungshandeln. Dem müssen seine Akteure Rechnung tragen, wenn es um Debatten zur Zukunft der eigenen Branche oder der des ganzen Planeten geht. Beide sind eng miteinander verknüpft.

Anmerkung

(1) Michelsen, Gerd/Fischer, Daniel (Hrsg.) (2016): Nachhaltigkeit und Journalismus: Erkenntnisse und Impulse aus Wissenschaft und Praxis. Bad Homburg.

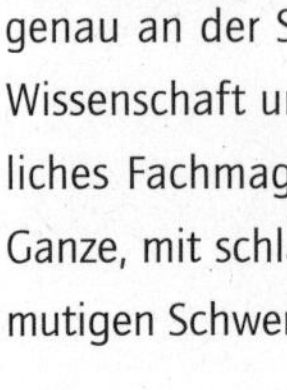

Was schätzen Sie an der *politischen ökologie?*

Die pö ist für mich das wichtigste Organ der fachübergreifenden Umwelt- und Nachhaltigkeitsdebatte; genau an der Schnittstelle zwischen Politik, Wissenschaft und Gesellschaft, ein verständliches Fachmagazin mit Blick auf das große Ganze, mit schlauen Themenzuschnitten und mutigen Schwerpunkten. Ersatzlos derzeit.

Zum Autor

Torsten Schäfer, geb. 1977, ist seit 2013 Professor für Journalismus und Textproduktion an der Hochschule Darmstadt, wo er Direktor am Institut für Kommunikation und Medien ist und das Medienportal *Grüner-Journalismus.de* leitet.

Kontakt

Prof. Dr. Torsten Schäfer

E-Mail torsten.schaefer@h-da.de

RESSOURCEN UND KLIMA

Das Projekt *RE-Charge Tacloban* baut eine klimafreundliche Infrastruktur in der philippinischen Stadt auf +++ Mobile Solarzellen ermöglichen bereits 400.000 Menschen in Afrika eine unabhängige Stromversorgung +++ Nicht nur der einzigartige Buchenurwald ist ein Grund, den Steigerwald zum Nationalpark zu erklären +++ Das *2.000-Quadratmeter*-Projekt mahnt zum gerechten Beackern unserer Böden +++ Kopenhagen hat es geschafft, den Anteil der Bio-Lebensmittel in städtischen Kantinen auf 90 Prozent zu steigern +++ *Save Our Seeds* verteidigt die Freiheit herkömmlichen Saatguts vor gentechnischen Verunreinigungen +++ Das Netzwerk *Global Fishing Watch* bringt mehr Transparenz in die weltweite Fischerei +++ Die Sanierung des Rheins dient als Modell für die Renaturierung verdreckter Flüsse +++ Die Global Alliance for the Rights of Nature fordert auch für die Natur einklagbare Rechte +++

RE-Charge Tacloban – Umweltfreundliche Kult-Jeeps für Notfälle

Jeepneys sind Fahrzeuge, die zu Kleinbussen mit bis zu 14 Sitzplätzen umgebaut wurden – ursprünglich waren es Willys-Jeeps, welche die Amerikaner nach ihrem Abzug 1973 auf den Philippinen zurückgelassen hatten. Bunt und individuell bemalt sind diese Fahrzeuge noch heute ein typisches philippinisches Verkehrsmittel, wenngleich sie inzwischen wegen ihrer schlechten Ökobilanz in der Kritik stehen: Da sie schwer sind, verbrauchen sie viel Diesel und produzieren entsprechend viel Stickstoffoxide, die die Luft belasten.

2013 traf der Supertaifun Hajan auf die philippinische Stadt Tacloban und richtete verheerenden Schaden an. Unter anderem wurden 95 Prozent der öffentlichen Transportmittel unbrauchbar.

Das Projekt *RE-Charge Tacloban* des Instituts für Klima und Nachhaltige Städte (Institute for Climate and Sustainable Cities) mit Sitz in Manila nutzte die nun folgende Phase des Wiederaufbaus, um einige klassische Jeepneys durch eine Elektrovariante (eJeepneys) zu ersetzen. (1) Diese Fahrzeuge können ihren Energiebedarf an einer zentral gelegenen Photovoltaikstation decken, die alternativ auch via Geothermie Strom erzeugen und diesen speichern kann. Die erste Flotte eJeepneys befördert Pendler(innen) in Tacloban Downtown seit Ende September 2014.

Ziel der Organisation war es nicht nur, die Infrastruktur von Tacloban wiederherzustellen, sondern mobile öffentliche Ladestationen inklusive Internet bereitzustellen, die in Krisenfällen die Versorgung der Bevölkerung mit Energie und die Kommunikation sicherstellen können. Dazu haben die Projektträger ein Ausbildungsprogramm für Fachleute wie Mitglieder von Regierungsorganisationen oder humanitäre Helfer(innen) ins Leben gerufen; diese sogenannten Solar Scholars sollen im Falle einer Umweltkatastrophe schnell und kompetent reagieren und eine provisorische Stromversorgung sowie Kommunikationsmöglichkeiten für die Bevölkerung bereitstellen. Durch die Nutzung erneuerbarer Energien in Form mobiler Photovoltaikanlagen besteht zudem keine Abhängigkeit mehr von in Krisensituationen knappem Treibstoff für Generatoren und Motoren. *(dw)*

Anmerkung

(1) www.re-charge.ph

Anpassung an den Klimawandel

Lösungen kommen aus dem Süden

Von Daniel Mittler

Von wegen passive Opfer des Klimawandels: Die Menschen im globalen Süden nehmen das Zepter der Veränderung mehr und mehr selbst in die Hand und finden alltagstaugliche Lösungen.

Der Klimawandel ist gelebte Realität. Verwüstungen durch stärker werdende Stürme sind in Ländern wie den Philippinen Alltag (vgl. S. 55 ff.). Oft zahlen die Ärmsten der Armen mit ihrem Leben oder ihrem Hab und Gut für die Emissionen der Reichen (inklusive allen, die diese Zeilen lesen). Aber vorbei sind die Tage, in denen die Ärmsten in den sogenannten Entwicklungsländern passiv als Opfer gesehen werden konnten. Denn gerade dort, wo der Klimawandel besonders hart zuschlägt, wächst Hoffnung, Widerstand – und brechen sich beispielhafte Lösungen Bahn.

Die Stadt Tacloban auf den Philippinen ist dafür ein Paradebeispiel. Weltweit bekannt ist sie nur, da der Taifun Hajan – einer der stärksten Taifune, die die Welt bis dato gesehen hat – sie 2013 zerstört hat. Bilder der Verwüstung, von Menschen, die sich an Bäumen festhalten, um nicht unterzugehen und ähnlich Schrecklichem gingen um die Welt.

Heute aber kann die Welt von Tacloban lernen. Den bitteren, notwendigen Wiederaufbau hat die Stadt zum Umbau hin zu einer regenerativen Wirtschaft genutzt.

Das Projekt *RE-charge Tacloban* (vgl. S. 68) etwa betreibt solarbetriebene Elektrobusse in Tacloban, baut eine Solaranlage und beliefert Gegenden, die vom Stromnetz abgeschnitten sind, mit solarbetriebenem Batteriestrom und Internet.

> **„Lokal verankerte, nachhaltige wirtschaftliche Entwicklung und aktiver Klimaschutz werden zunehmend als die zwei Seiten derselben Medaille wahrgenommen."**

„Building back better" – besser wiederaufbauen – ist das Motto des Projektes, das es verdient hat, vielfach in der Welt nachgeahmt zu werden. Es ist eine gelebte, inspirierende Aufforderung gerade auch an humanitäre Organisationen, Krisenmomente als Chancen zur positiven gesellschaftlichen Veränderung zu begreifen.

Der Norden kann eine Menge lernen

Der Klimawandel ist Realität und wird viel Leiden verursachen. Aber die Beseitigung der Spuren der Zerstörung lässt sich mit den notwendigen Infrastrukturveränderungen und Investitionen in eine klimafreundlichere Zukunft verbinden. Die Arbeit von *RE-Charge* in Tacloban ist Ansporn, das überall auf der Welt zu schaffen. Und Beweis, dass der Diskurs, der Menschen im globalen Süden als passive Opfer des Klimawandels beschreibt, eine gefährliche Mär ist. Genauso wie die weithin verbreitete Ansicht, dass nur die Mittelklasse Klimaschutz wichtig findet. Im Gegenteil: Lokal verankerte, nachhaltige wirtschaftliche Entwicklung und aktiver Klimaschutz werden zunehmend als die zwei Seiten derselben Medaille wahrgenommen. Im Zei-

2007

2010

2011

2014

chen des Klimawandels nimmt der globale Süden das Zepter der Veränderung selbst in die Hand. Die Menschen im globalen Norden sollten genau zusehen - und wo immer möglich lernen. Wieso wird nicht auch in Deutschland nach Unwetterschäden viel konsequenter ein ökologischer Wiederaufbau betrieben? Und ist es nicht längst Zeit, dass auch in ländlichen Gebieten Deutschlands Solarbusse wie in Tacloban fahren? - Tacloban macht Mut zur Veränderung.

Was schätzen Sie an der politischen ökologie?
Das Politische. Denn Natur und Umwelt lassen sich nur durch tiefgreifende politische Veränderungen retten.

Zum Autor
Daniel Mittler, geb. 1973, hat Politikwissenschaft, Afrikanistik und Stadtplanung studiert. Er ist Politischer Direktor von Greenpeace International.

Kontakt
Daniel Mittler
E-Mail daniel.mittler@greenpeace.org

Mobile Solarzellen von Mobisol

In ländlichen Gebieten von Subsahara-Afrika haben 80 bis 90 Prozent der afrikanischen Haushalte keinen Zugang zur Stromversorgung. Um das zu ändern, setzen verschiedene Firmen und Institutionen auf erneuerbare Energien. So auch die Berliner Firma *Mobisol*. Durch die Einführung von mobilen Solarzellen konnte sie seit 2010 bereits 400.000 Menschen in Ruanda, Tansania und Kenia mit Strom versorgen. (1) Das Prinzip ist nutzerfreundlich: Die Kund(inn)en erhalten eine autonome Solarzelle und eine interne Batterie, deren Installation und Wartung kostenlos sind. Die Solarzelle lässt sich auf einem sonnenexponierten Punkt anbringen, mit der Batterie verbinden und anschließend nutzen. Auf die Stromquelle gewährt die Firma eine Garantie von drei Jahren.

Die Solarzellen werden durch Prepaidaufladung über das Mobiltelefon in Raten abbezahlt. Mobiltelefone werden lokal mit Geld aufgeladen, *Mobisol* schickt eine Rechnung an die Kund(inn)en, woraufhin das Guthaben von deren Handys abgebucht wird. Drei Jahre Zeit bleibt, um die Solarzelle abzubezahlen.

Das Projekt des Ingenieurs Thomas Gottschalk ermöglicht den Menschen in Subsahara-Afrika einen unabhängigen, dezentralen und nachhaltigen Zugang zur Stromversorgung. Viele Haushalte können dadurch auch in den Abendstunden sauberen Strom nutzen, ihre Lebensmittel kühlen oder technische Geräte aufladen. Mittelständische Unternehmen können mithilfe der mobilen Solarzellen zur Verbesserung der Infrastruktur und Bildung der ländlichen Regionen Afrikas beitragen. Die *Mobisol*-Akademie bietet Schulungen an und bildet Fachkräfte vor Ort aus. Damit werden lokale Arbeitsplätze geschaffen. Die Nachfrage aus Afrika steigt kontinuierlich und das Berliner Unternehmen hat mit seiner Idee zahlreiche Preise gewonnen, unter anderem den Green Tech Award 2017. *(je)*

Anmerkung

(1) www.plugintheworld.com/mobisol

Erneuerbare Energien

Die Energiewende ist ein Friedensprojekt

Von Claudia Kemfert

Solaranlagen im globalen Süden sorgen dafür, dass Strom bezahlbar wird, Kinder einen Schulabschluss und Frauen eine Ausbildung machen können. Mehr noch: Sie helfen bei der Entschärfung geopolitischer Konflikte.

Der Klimawandel ist ungerecht. Seine größten Verursacher sind die reichsten Profiteure der fossilen Energien und sie haben am wenigsten mit seinen Folgen zu kämpfen. Die größten Klimaschäden treffen jene, deren Treibhausgasemissionen am allerniedrigsten sind. Hinzu kommt, dass die Emissionen dort zu Buche schlagen, wo produziert wird, nicht dort, wo konsumiert und verbraucht wird. Kritik daran kommt nicht nur von Wissenschaftler(inne)n, sozialen oder politischen Aktivist(inn)en: Auch dem Papst ist es ein Dorn im Auge, dass die Ärmsten der Welt die Folgen eines Energieverbrauchs tragen müssen, den die wohlhabenden Industrieländer zu verantworten haben und nicht zu ändern bereit sind.

Wenn Deutschland nicht nur Klimaziele formuliert, sondern auch tatkräftig und entschlossen konkrete Maßnahmen ergreift, um diese Ziele zu erreichen, dann kann das im Weltmaßstab kleine Land in seiner Vorbildfunktion große Wirkung haben. Nicht zuletzt als Friedensstifter. Denn die meisten aktuellen Kriege sind schon heute Konflikte um mangelnde Ressourcen – Energie ist eine der wichtigsten Ressourcen für die Wirtschaft aller Staaten. Wer hier innovative Ideen und zukunftsweisende Impulse liefert, kann so manchen Konflikt aus der Welt schaffen. Wer sich nicht um Ölquellen streiten muss, weil Solarzellen auf den Häuserdächern die regionale Wirtschaft beflügeln, findet vielleicht auch friedliche Wege für ein fruchtbares soziales Miteinander. Erneuerbare Energien sind nicht nur Motor für den wirtschaftlichen Aufschwung anderer Länder, sondern auch eine wertvolle Antriebskraft für die deutsche Wirtschaft. Das Land der Erfinder und Ingenieurinnen könnte auf diese Weise Energie und Frieden in der Welt verbreiten.

Erneuerbare sind unausweichlich

Das Ende des fossilen Zeitalters und die Dekarbonisierung der Wirtschaft sind nicht mehr aufzuhalten. Die Kosten für die Erneuerbaren werden weiter sinken, die wirtschaftlichen Chancen sind enorm. Erneuerbare sind inzwischen so billig geworden, dass sogar ein armer Bauer im afrikanischen Hinterland sich Solarzellen aufs Hüttendach schrauben kann und zum ersten Mal in seinem Leben Strom hat. Der beste Beweis, wie das gelingen kann, ist Mobisol: Das Unternehmen aus Berlin verkauft Solaranlagen in Afrika, zusammen mit kleinen Batterien (vgl. S. 72). Abgerechnet wird mittels digitaler Technik. Auf der Website des Unternehmens, das mittlerweile über 700 Beschäftigte hat, kann man all die Solarenergienutzer(innen) in Afrika bestaunen, die sich mit einem Foto präsentieren. Die Menschen vor Ort sind stolz darauf, ihren Strom selbst zu produzieren, sie verkaufen ihn an ihre Nachbarn und speichern ihn, um auch abends kochen, fernsehen oder im Internet surfen zu können. So funktioniert die Energiewende dezentral, sie stärkt Wohlstand, schafft Partizipation und fördert damit den Frieden.
Ob in den USA oder in Afrika, Indien, China oder Deutschland: Die Erneuerbaren und der Klimaschutz sorgen überall auf der Welt für Bildung und Wohlstand. Die

politische ökologie

1995

1999

2004

2017

Energiewende entschärft geopolitische Konflikte, verhindert Kriege um Ressourcen und ermöglicht medizinische Versorgung. Die Energiewende bietet Menschen, die sonst mangels Perspektive aus ihrer Heimat flüchten müssten, eine Zukunft und eine Existenzgrundlage. Sie sorgt dafür, dass Strom bezahlbar wird, Kinder einen Schulabschluss und Frauen eine Ausbildung machen können. Kurz: Die Energiewende ist die wichtigste Antwort auf die in aller Welt schwelenden Konflikte, den Terror, die Angst und die Armut.

Wir werden weitere Finanzkrisen, Konflikte und Kriege in der Welt erleben, wir werden erschüttert sein und unsere Timelines und Tagesordnungen werden darum kreisen. Wir werden so lange davon vereinnahmt sein, bis die Krise überstanden und der Krieg zu Ende ist. Die Energiekrise hingegen und der Klimawandel werden kein Ende finden, sie werden uns immer beschäftigen – die Frage ist, in welchem Ausmaß sie unser aller Lebensumgebung beeinflussen werden und wie groß die Ströme an Klimaflüchtlingen sein werden, die uns erreichen, weil ihr Lebensraum durch die globale Erwärmung unwiederbringlich zerstört ist. In die Energiewende zu investieren heißt daher auch, in globale Gerechtigkeit zu investieren. Die Energiewende ist ein Friedensprojekt, für alle Menschen auf der Welt.

Was schätzen Sie an der *politischen ökologie?*
Ich schätze die *politische ökologie*, weil Ökologie immer auch politisch ist.

Zur Autorin
Claudia Kemfert, geb. 1968, ist Wirtschaftswissenschaftlerin und Leiterin der Abteilung Energie, Verkehr und Umwelt am Deutschen Institut für Wirtschaftsforschung, außerdem u.a. Mitglied im Sachverständigenrat für Umweltfragen.

Kontakt
Prof. Dr. Claudia Kemfert
E-Mail sekretariat-evu@diw.de

Nationalpark Steigerwald

Aufgrund glücklicher historischer Umstände wurden im nördlichen Steigerwald zwischen Ebrach, Gerolzhofen und Eltmann auf über 11.000 Hektar naturnahe Laubwälder mit Buchen und Eichen in einem überwiegend ökologisch hochwertigen Zustand erhalten. Auf kleinen Flächen gibt es sogar einige holznutzungsfreie Naturwaldreservate. Die Wälder befinden sich ausschließlich im Staatsbesitz und sind weitgehend unzerschnitten, sodass sie sich hervorragend für die Einrichtung eines Nationalparks eignen. Der BUND Naturschutz in Bayern setzt sich deshalb seit 2007 mit anderen Verbänden wie dem WWF und dem Landesbund für Vogelschutz im Freundeskreis Nationalpark Steigerwald für einen ersten Nationalpark in Franken ein. (1) Gemeinsam führen sie Gespräche mit verantwortlichen Akteuren und Politiker(inne)n vor Ort bis hin zur Bundesebene, initiieren Aktionen und betreiben Öffentlichkeitsarbeit in all ihren Facetten. Außerdem wurde im Ebracher Rathaus ein Projektbüro eingerichtet, um für die einheimische Bevölkerung und Interessierte aus Nah und Fern einen direkten Ansprechpartner stellen zu können. Einmal im Jahr organisiert der Freundeskreis eine Tagung zum Thema Naturerbe Buchenwälder, bei der die Thematik von verschiedenen Seiten beleuchtet wird. Der Wanderführer „Unterwegs zum Nationalpark Steigerwald" bringt die Besonderheiten des Gebiets auch Bevölkerungsteilen nahe, die keinen unmittelbaren Bezug zum Naturschutz haben. Mittels eines GPS-gestützten Verfahrens wurden außerdem etwa 6.600 Starkbäume (2) in einem kleinem Schutzgebiet erfasst, dessen Status die Staatsregierung wieder aufheben ließ, weil der örtliche Forstbetrieb behauptet hatte, es gäbe keine älteren Bäume. Mithilfe mehrerer Meinungsumfragen konnte der Freundeskreis beweisen, dass eine anfängliche Ablehnung des Nationalparks in der Steigerwaldregion – auf die sich die Gegner(innen) noch immer berufen – aufgrund zahlreicher Aktivitäten einer Zwei-Drittel-Zustimmung vor Ort gewichen ist. *(Hubert Weiger)*

Anmerkungen

(1) www.bund-naturschutz.de/wald/nationalpark-steigerwald.html
(2) Starkbäume sind gut gewachsene Bäume, die noch keine für Altbäume typische Anzeichen wie Rindenschäden oder Pilzbefall zeigen.

Waldschutz

Vom Holzweg auf den grünen Zweig

Von Hubert Weiger

Von den Bemühungen um die Ausweisung eines Nationalparks Steigerwald lässt sich viel für andere schutzwürdige Gebiete der Welt lernen, die im Bann kommerzieller Interessen stehen.

In Europa gibt es so gut wie keine Buchenurwälder mehr. Zugleich trägt Deutschland eine besondere Verantwortung für diese Waldökosysteme, da das Land im Zentrum ihres Verbreitungsgebietes liegt. Deshalb müssen dringend die noch vorhandenen naturnähesten Buchenwaldbestände in Deutschland geschützt werden. Die Einrichtung des Nationalparks Steigerwald würde dazu beitragen, einen kleinen Teil der europäischen Buchenwälder unversehrt und vollständig zu erhalten und dabei helfen, internationale – etwa das UN-Übereinkommen zur biologischen Vielfalt – wie nationale Vorgaben zum Schutz der Biodiversität in den Wäldern umzusetzen (vgl. S. 76). Zudem hat die Bundesregierung in der Nationalen Biodiversitätsstrategie vorgegeben, dass zehn Prozent des öffentlichen Waldes bis 2020 der natürlichen Entwicklung überlassen werden sollen.
Wie in vielen Regionen dieser Erde stehen aber auch im Steigerwald die Schutzbemühungen im Konflikt zur kommerziellen Waldnutzung und werden ihr meist untergeordnet. Die Idee des damaligen Bamberger Landrats Günther Denzler, 2007 einen Nationalpark Steigerwald einzurichten, war zunächst auf massiven öffentlichen Widerstand gestoßen. Die Aktivitäten des BUND Naturschutz und anderer Verbände des Freundeskreises Nationalpark Steigerwald haben mittlerweile jedoch große Erfolge errungen, auch wenn das Ziel noch nicht erreicht ist. Jahrelang haben die Gegner(innen) eines Nationalparks mit zum Teil massivem Druck

und Falschinformationen die öffentliche Meinung vor Ort bestimmt, sodass sich die Befürworter(innen) stark bedrängt fühlten. Seit sich jedoch 2014 der Bürgerverein Pro-Nationalpark gründete, treten nicht mehr nur die Naturschutzverbände, sondern auch Menschen vor Ort, die vorher keinen Bezug zum Naturschutz hatten, aktiv für den Waldnaturschutz ein. (1) Wenn sich die Bürger(innen) weiterhin so stark für den Waldnaturschutz engagieren wie in letzter Zeit, wird die Ausweisung eines Nationalparks auf Dauer nicht zu verhindern sein.
Der jahrelange Einsatz für einen Nationalpark im Steigerwald hat dazu geführt, dass die Bayerische Staatsregierung ihren Widerstand gegen nutzungsfreie Schutzgebiete im Wald aufgeben hat: Nun setzt sie sich selbst für einen dritten Nationalpark in Bayern ein. Im Steigerwald lehnt sie diesen aus politischen Gründen zwar nach wie vor ab, aber andernorts in Bayern wird sie in naher Zukunft einen neuen Nationalpark ausweisen.

Zentrale Akteure für den Waldnaturschutz gewinnen

Aufgrund der öffentlichen Aufmerksamkeit für die Region Steigerwald und um zu verdeutlichen, dass sie auch ohne die Einrichtung eines Nationalparks etwas für die Natur und deren Schutz tut, hat die Bayerische Staatsregierung bereits jetzt erheblich in dieses Gebiet investiert, zum Beispiel mit dem Informationszentrum Steigerwald-Zentrum und einem Baumwipfelpfad.
Die Erfolge zeigen, dass die ergriffenen Aktivitäten wirksam waren. Viele der Maßnahmen, zum Beispiel Führungen zu den Naturschönheiten oder Pressetermine, lassen sich überall auf der Welt anwenden, wo ein unbedingt schutzwürdiges Gebiet

politische ökologie

1999

2004

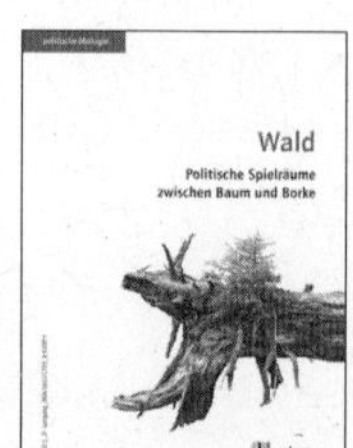

2013

gegen kommerzielle Interessen eingerichtet oder verteidigt werden muss. Entscheidend ist ein kontinuierlicher Einsatz, besonders vor Ort. Dazu braucht es neben ehrenamtlicher Arbeit auch hauptamtlichen Einsatz.

Wichtig für den Erfolg des Projekts sind maßgebliche Fürsprecher(innen) aus der Politik und andere zentrale Akteure. So zählen Günther Denzler, Bezirkstagspräsident von Oberfranken, Max-Dieter Schneider, Bürgermeister des zentral betroffenen Ortes Ebrach, sowie Georg Sperber, der ehemalige Leiter des Forstamts, das früher den Großteil der fraglichen Wälder bewirtschaftet hat, zu den Befürwortern eines Nationalparks. Im Februar 2017 bekundete auch die Wirtschaft ihr Interesse an der Ausweisung eines Nationalparks, als sich eine Allianz aus Politiker(inne)n, Gastwirt(inn)en, Gewerbetreibenden und weiteren Wirtschaftsvertreter(inne)n dafür aussprach, den Steigerwald in den Suchprozess für einen dritten Nationalpark in Bayern aufzunehmen. Mittlerweile umfasst die Allianz über 200 Unterstützer.

Im Bereich der Verbände war die Gründung des Freundeskreis Nationalpark Steigerwald ein entscheidender Schritt. So ließ sich verdeutlichen, dass die Initiative von vielen Verbänden und deren Mitgliedern unterstützt wird. Zentraler Punkt ist schließlich die Unterstützung durch den/die Einzelne/n. Ob finanziell, ob aktiv auf Demonstrationen oder als Leserbriefschreiber(in): Es muss klar werden, dass es viele sind, die einen Nationalpark wollen.

Anmerkung

(1) www.pro-nationalpark-steigerwald.de

Was schätzen Sie an der *politischen ökologie?*

Die *pö* leistet einen unverzichtbaren Beitrag zu einer ökologischen Nachhaltigkeitspolitik.

Zum Autor

Hubert Weiger, geb. 1947, Forstwissenschaftler und Bodenkundler, ist Vorsitzender des BUND und des BUND Naturschutz Bayern. Er lehrt Nachhaltige Landnutzung an der Universität Kassel.

Kontakt

Prof. Dr. Hubert Weiger

E-Mail hubert.weiger@bund.net

Ein Weltacker auf 2.000 Quadratmetern

Das Projekt *2.000 Quadratmeter* der Zukunftsstiftung Landwirtschaft basiert auf einem Gedankenexperiment: Wenn wir die globale Ackerfläche von 1,4 Milliarden Hektar gleichmäßig auf die Zahl der Erdenbürger(innen) verteilen würden – wie viel stünde jedem Menschen zur Verfügung? (1) Wofür wird unser Stück Acker genutzt und reicht diese Fläche aus, um uns alle zu ernähren? Um das Thema der Bodenknappheit anschaulich zu vermitteln, hat die Zukunftsstiftung in Berlin in den Spandauer Havelmaten einen 2.000 Quadratmeter großen „Weltacker" angelegt, der öffentlich bewirtschaftet wird und den globalen Durchschnittsacker repräsentiert.

Er zeigt anschaulich, dass über die Hälfte der weltweiten Anbaufläche mit vier Früchten bedeckt ist: Weizen, Mais, Soja und Reis. Sieht man von der letzteren einmal ab, dienen alle großen Monokulturen nur zum kleineren Teil als Lebensmittel für Menschen. Der größere Teil wird als Tierfutter oder Energiequelle genutzt. Über die Verteilungsfrage der globalen Ackerfläche hinaus thematisiert *2.000 Quadratmeter* sinnbildlich noch eine Reihe weiterer sogenannter „Versuchsfelder" wie den Einsatz von Pestiziden, die Erhaltung der Biodiversität in der Landwirtschaft und die Eindämmung von Lebensmittelverschwendung.

Seit der Bepflanzung des ersten Ackers in Berlin vor gut drei Jahren sind Felder in Schweden, Schottland, der Türkei und China hinzugekommen. Interessierte können das Projekt vor Ort erkunden und auch selbst Hand anlegen oder die umfangreichen Materialien auf der Homepage des Projektes nutzen. *(lb)*

Anmerkung

(1) www.2000m2.eu/de

Bodenschutz

Erdverbunden in die Zukunft

Von Günther Bachmann

Viel zu lange hat die Umweltpolitik den Schutz der Böden als Stiefkind behandelt. Gut, dass es Initiativen gibt, die Verantwortung für unsere Lebensgrundlage übernehmen und zeigen: Ein gerechtes Beackern der Böden ist möglich.

Vor Jahren habe ich ein Gesetz (mit)geschrieben, das bis heute die am weitesten reichenden Folgen für den Bodenschutz in Deutschland hat. Erste Entwürfe zum Bodenschutzgesetz stammen aus den 1980er-Jahren, ernst wurde die Sache in den 1990er-Jahren. Damals waren drei Dinge klar: Boden hat keine Lobby. Auf ihm wird - metaphorisch und praktisch - herumgetrampelt. Die Umweltpolitik hat das Naturgut Boden jahrzehntelang ignoriert. Hohe Schornsteine, Klärschlamm und Kompost verteilten Schadstoffe gleichermaßen in die Böden hinein. Während man Gesetze zur Luft- und Wasserreinhaltung, zum Abfall und Naturschutz erließ, schwieg man über Böden. Die Wende konnte daher nur aus der Verwaltung selbst kommen.

Allerdings rief die damalige Politik nicht gerade nach neuen, umfänglichen Umweltgesetzen. Und die Gesetzgeber misstrauten der Verwaltung. Sie verlangten, dass alle Vollzugsrichtlinien, technischen Regeln, Grenzwerte und deren Kriterien vollständig vorliegen. Alles, was üblicherweise erst folgt, nachdem ein Gesetz verabschiedet ist, bevor sie sich mit dem ersten Paragrafen beschäftigen würden, weil die Sanierung der vergangenen Versäumnisse beim Bodenschutz ins Geld geht. Das war etwas Besonderes: Fakten schaffen und Normen vorschlagen zu gleicher Zeit.

Auf dem Dienstweg allein konnte das nicht gelingen. Akten würden Aktionen in der Gesellschaft brauchen. Fachleute bildeten neue Verbände und tauschten sich quer zu ihren beruflichen Hierarchien aus. Konferenzen zum Boden fanden statt und neue Publikumszeitschriften erschienen. Über die Einkünfte aus einer Sonderbriefmarke Boden wurde der Start bürgerschaftlichen Engagements zum Bodenschutz finanziert. Didaktiker(innen) starteten Bodenkampagnen. In Osnabrück entstand mit den *unter.welten* 2001 das erste Bodenmuseum. Ein Reiseführer zu den Böden Deutschlands öffnete die *Bodenwelten*. Braunerden, Rendzinen oder Pelosole wurden endlich auch in Kreisen außerhalb der Wissenschaft bekannt. Die Karrieren von Regenwurm und Springschwanz starteten. Die Schnittstelle von Wissenschaft und Politik wurde nicht beschrien, sondern bevölkert.

Ein Preisschild für die Zukunft

Aktuelle und bessere Aktionen machen heute den Bodenschutz zum globalen Thema. Davon ist das Projekt *2.000 Quadratmeter* ein wichtiger Teil, weil diese Initiative vorbildlich die globale mit der konkreten, eigenen Verantwortung verbindet (vgl. S. 80). Sie verfolgt die Vision, die Nachhaltigkeit mit Kultur, Innovation, Nachdenken und Gerechtigkeit zu verknüpfen.

Das ist auch dringend nötig. Noch sind die Probleme größer als die Lösungen. (1) Noch ist die Bodenerosion stärker als die Regeneration von Böden, noch vernichtet der Landfraß mehr natürliche Böden als wir entsiegeln, noch düngt die Landwirtschaft mehr als gut ist, noch lastet auf der Kulturlandschaft die Bürde des Artensterbens. Und vor allem: Wie sollen sich zehn Milliarden Menschen in einer dekar-

1997

2008

2010

2016

bonisierten Welt ernähren? Welche Böden werden sie nutzen, wenn 90 Prozent in Städten leben, die breiartig in die Landschaft fließen? Die Deutschen, arm wie reich, in Innenstädten wie auf dem Dorf, beanspruchen durchschnittlich über 50 Quadratmeter Wohnraum, die Autos werden immer dicker und die Menschen mit ihnen. Der 2.000-Quadratmeter-Acker hält uns ein Preisschild für die Zukunft vor Augen. Darauf steht: Demut im Umgang mit den natürlichen Ressourcen. Ein gerechtes Beackern der Böden ist möglich, aber dazu müssen wir die Welt verändern. Und uns spannenden Fragen stellen: Wird es in Zukunft Urban Farming geben? Wird jede(r) Stadtbewohner(in) Gemüse auf dem Hausdach anbauen (vgl. S. 47 ff.)? Werden wir Boden regenerieren? Werden wir Pflanzen ohne Chemie schützen? Der Bodenschutz der Zukunft braucht mehr staatliche Rechtsnormen und mehr visionäres Handeln aus der Mitte der Gesellschaft heraus. Die geschickte Kombination beider wäre die Aufgabe einer neuen Umweltpolitik, die sich Antworten auf die reduktive und reflexive Moderne erarbeitet. Noch gibt es sie nicht. Aber immerhin gibt es »anstoßende« Interventionen wie den *2.000-Quadratmeter-*Acker.

Anmerkung

(1) Wissenschaftlicher Beirat für Agrarpolitik, Ernährung und gesundheitlichen Verbraucherschutz/Wissenschaftlicher Beirat für Waldpolitik beim Bundesministerium für Ernährung und Landwirtschaft (2016): Klimaschutz in der Land- und Forstwirtschaft sowie den nachgelagerten Bereichen Ernährung und Holzverwendung – Gutachten.

Was schätzen Sie an der *politischen ökologie?*

Die Bestätigung des richtigen Weges.

Zum Autor

Günther Bachmann, geb. 1955, studierte Landschaftsplanung. Er ist Generalsekretär des Rates für Nachhaltige Entwicklung. Zuvor war er u.a. als Fachgebietsleiter Bodenschutz beim Umweltbundesamt tätig.

Kontakt

Prof. Dr. Günther Bachmann
E-Mail
guenther.bachmann@nachhaltigkeitsrat.de

Das Kopenhagener 90-Prozent-Bio-Projekt

Im Jahr 2007 hat der Stadtrat von Kopenhagen beschlossen, bis Dezember 2015 in allen von der Stadt verantworteten Küchen den Anteil der Lebensmittel aus ökologischer Erzeugung auf 90 Prozent zu steigern. Es ging um Schulen und Kindergärten, Alten- und Behindertenheime, Obdachlosenasyle und die Kantinen der Stadtverwaltung. Insgesamt 66.000 Mahlzeiten. Täglich. Das Ziel wurde erreicht. Als das Jahr 2015 zu Ende ging, erfüllten alle diese Verpflegungseinrichtungen die Vorgabe des Stadtrates.

Das war schon spannend genug. Aber noch viel spannender: Der Beschluss verlangte, die Kosten dürften durch die Umstellung nicht steigen. Wie das geht? Bei Preisen, die im Durchschnitt 30 bis 40 Prozent höher liegen als für konventionell hergestellte landwirtschaftliche Produkte? Natürlich nicht, indem man ausschließlich die Qualität der Rohstoffe verändert. Sondern durch vier Maßnahmen: weniger Fleisch, weniger vorgefertigte Lebensmittel (Convenience), mehr Frische und weniger Wegwerfen. Als kostenlose Zugabe zu diesen Effekten ist diese Art zu essen gut für die Gesundheit und schmeckt besser. Ich habe in der Kopenhagener Rathauskantine gegessen und hätte in einem Sternerestaurant nicht Köstlicheres erwartet. Zugegeben: Die Fleischportionen waren winzig. Aber genussreich. Und der Koch, der uns die Umstellung erklärte, ist ein fanatischer Nicht-Wegwerfer geworden. Selbst aus den Karottenschalen werden noch Knabberchips gemacht. Und wo früher säckeweise die Müllabfuhr beschickt wurde, wartet heute nur noch ein Tütchen Abfall täglich.

Ein solches Ziel lässt sich nicht nur durch die Ausgabe einer politischen Parole erreichen. Sondern auch durch eine professionelle Unterstützung und enge Begleitung aller Akteure – vom Einkäufer bis zum Küchenlehrling. Gleich zu Beginn hat die Stadt das sogenannte House of Food eingerichtet, in dem 40 Personen städtische Institutionen schulen, beraten und bei der Beschaffung der Lebensmittel behilflich sind.

Mittlerweile hat sich auch die zweitgrößte Stadt des Landes, Aarhus, auf diesen Weg gemacht – und ist bereits kurz davor, ebenfalls ihr Ziel zu erreichen: 90 Prozent Bio in allen von der Stadt verantworteten Küchen. *(Felix Prinz zu Löwenstein)*

Ökologische Landwirtschaft

Tischleindeckdich für die ganze Welt

Von Felix Prinz zu Löwenstein

Eine zukunftsfähige Landwirtschaft hält Tiere artgerecht, schont die Biodiversität und kalkuliert ihre Kosten in die Preise ein, statt sie der Natur und künftigen Generationen aufzubürden.

Wenn diskutiert wird, ob ökologische Landwirtschaft sich eignet, um in Zukunft globale Ernährungssicherung herzustellen, gibt es Argumente, die so zuverlässig gebracht werden wie das Amen in der Kirche. Zwei davon sind: „Sie können doch den Menschen nicht vorschreiben, wie viel Fleisch sie essen sollen." Und: „Öko ist unsozial. Das können sich nur reiche Menschen leisten." Beim ersten Einwand gegenüber der ökologischen Landwirtschaft geht es um die zentrale Rolle, die der Fleischverzehr dafür spielt, ob's für alle reicht. Denn immerhin wandern weltweit 40 Prozent des Getreides in den Futtertrog. In Deutschland sind es sogar 60 Prozent. Beim zweiten Einwand geht es um die hohen Preise, die für Produkte des ökologischen Landbaus zu bezahlen sind. Bei beiden Argumenten liegt aber ein Missverständnis vor, das immer wieder falsche Schlussfolgerungen nach sich zieht: die Vorstellung, mit ökologisch erzeugten Lebensmitteln ließe sich genau dasselbe Konsumverhalten bestreiten wie mit konventionellen Produkten.

Wie falsch das ist, habe ich im fünften Semester im Fach Marktlehre gelernt. Es ging um die „Preiselastizität der Nachfrage", also jenes jedermann einleuchtende Phänomen, dass bei steigenden Preisen die Nachfrage sinkt. Das Klimaschutzgutachten des Wissenschaftlichen Beirates beim Landwirtschaftsministerium bescheinigte im November 2016 dem Ökolandbau, keinen nennenswerten Beitrag zur Abmilderung des Klimawandels liefern zu können. (1) Worauf der bei Bio-Konsument(inn)en geringere Fleischverzehr zurückzuführen sei, ließe sich nicht eindeutig feststellen. Erstaunlich. Denn wenn man unterstellt, dass die meisten Menschen über ein begrenztes Budget für den Kauf von Lebensmitteln verfügen, ist doch völlig klar: Wer sich entschließt, das mindestens doppelt so teure Biofleisch zu kaufen, muss und wird dies seltener tun – sonst macht sein/ihr Geldbeutel nicht mit. Glücklicherweise braucht man aber nicht die Gedankenmodelle der Marktwissenschaftler(innen) nachzuvollziehen. Denn es gibt einen Großversuch, der längst experimentell nachgewiesen hat, dass die Umstellung auf Bio höhere Preise bedeutet und deshalb ein verändertes Konsumverhalten nach sich zieht: das Projekt der Stadt Kopenhagen (vgl. S. 84). Der unmittelbare Nutzen, den es stiftet, liegt auf der Hand: Durch die Nachfragemacht der Stadt wird eine Landwirtschaft ermöglicht, die Tiere artgerecht hält, die Biodiversität und den Wasserhaushalt schont und die Bodenfruchtbarkeit mehrt. All das nützt nicht nur den Bewohner(inne)n der dänischen Hauptstadt und ihrem landwirtschaftlichen Umfeld. Sondern auch dem Klima und damit den Produktionsvoraussetzungen überall auf der Welt. Und es vermindert den Anbau von Futterpflanzen – vor allem von Sojabohnen – in Südamerika. Auf Flächen, die jetzt der Produktion von Nahrungspflanzen dienen können.

Ökodiktatur? – Gar nicht notwendig

All das sind – auf die Welt gerechnet – noch winzige Effekte. Da aber mehr als die Hälfte der Erdenbewohner(innen) in Städten lebt, und weil diesen dadurch eine immer größere Verantwortung für die politische Gestaltung zukommt, wird Dänemarks Hauptstadt zu einer Impulsgeberin für viele Metropolen. Darüber hinaus

2001

2004

2012

wird dort nachgewiesen, dass es keine Ökodiktatur braucht, um zu einer zukunftsfähigen Landwirtschaft und Ernährung zu kommen. Es reicht, dafür zu sorgen, dass die Preise die ökologische Wahrheit sprechen. Wenn die Kosten der Produktion nicht externalisiert, das heißt auf Natur, Umwelt und künftigen Generationen aufgebürdet, sondern internalisiert, also in die Preise einkalkuliert werden, verändert das sowohl die Art, wie produziert wird, als auch die Konsum- und Ernährungsstile. Das ist in der Diskussion um die Landwirtschaft der Zukunft von großer Bedeutung. Denn mit der Notwendigkeit, die globale Ernährung durch immer größere Produktionsmengen zu sichern, wird die Intensivierung einer inputlastigen und industriellen Landwirtschaft begründet. Und damit eine Wirtschaftsweise zementiert, die gerade diejenigen natürlichen Ressourcen unwiederbringlich schädigt, die für die Lebensmittelerzeugung künftiger Generationen unabdingbar sind.

Anmerkung

(1) Wissenschaftlicher Beirat für Agrarpolitik, Ernährung und gesundheitlichen Verbraucherschutz/Wissenschaftlicher Beirat für Waldpolitik beim Bundesministerium für Ernährung und Landwirtschaft (2016): Klimaschutz in der Land- und Forstwirtschaft sowie den nachgelagerten Bereichen Ernährung und Holzverwendung – Gutachten.

Ich schätze die *politische ökologie* ...

... wegen der unaufgeregten Auseinandersetzung mit Themen, die an anderer Stelle und in anderen Organen für hoch emotionale Diskussionen sorgen. Diese Diskussionen sind keineswegs überflüssig. Aber sie brauchen die Möglichkeit des sachlichen Abgleiches. Dafür steht die *politische ökologie*.

Zum Autor

Felix Prinz zu Löwenstein, geb. 1954, Agrarwissenschaftler und Biolandwirt, ist seit 2002 Vorstandsvorsitzender des Bundes Ökologische Lebensmittelwirtschaft (BÖLW). Außerdem sitzt er u.a. im Vorstand des Forschungsinstituts für biologischen Landbau (Fibl e.V.) und im Beirat des Hilfswerks Misereor.

Kontakt

Dr. Felix Prinz zu Löwenstein
E-Mail felix.loewenstein@t-online.de

Save Our Seeds

Save Our Seeds (SOS) ist ein 2001 von der Zukunftsstiftung Landwirtschaft gestartetes, in Berlin angesiedeltes Projekt, das mittlerweile von rund 300 Organisationen in ganz Europa unterstützt wird. (1) Wurzeln und Werte der Arbeit von SOS liegen in der biologischen und biodynamischen Landwirtschaft. Am Anfang seiner Gründung stand eine europaweite Initiative zur Verteidigung der Freiheit herkömmlichen Saatguts von gentechnischen Verunreinigungen. Aus der Forderung nach Nulltoleranz für Gentechnik im Saatgut entwickelte SOS viele weitere Aktivitäten und Projekte, bei denen es um Agro-Gentechnik, frei vermehrbares und allgemein zugängliches Saatgut, um nachhaltige, ökologische und bäuerliche Landwirtschaft und Ernährungssouveränität, um neue Beziehungen zwischen Stadt und Land sowie einen grundlegenden Paradigmenwechsel geht: weg von der Wachstumsorientierung hin zu einer Kultur des Genug. Die meisten dieser Aktivitäten haben eine internationale Perspektive.

SOS organisiert europäische Konferenzen gentechnikfreier Regionen und seit 2006 die Aktion Bantam-Mais, gibt im Auftrag von 30 beteiligten Organisationen den *Informationsdienst Gentechnik* heraus und verbreitet die Ergebnisse des Weltagrarberichtes. 2010 initiierte SOS das Bündnis Meine Landwirtschaft zur europäischen Agrarpolitik, an dem heute rund 50 Organisationen beteiligt sind, sowie dessen alljährliche Großdemonstration „Wir haben es satt“ in Berlin. 2014 startete SOS das Bildungs- und Kampagnenprojekt *2.000 Quadratmeter*, das anhand der Ackerfläche, die rechnerisch weltweit für jeden Menschen zur Verfügung steht, Fragen der Gerechtigkeit und Nachhaltigkeit bei Anbau, Verarbeitung, Handel und Konsum von Agrarprodukten anschaulich macht (vgl. S. 80). *(Christoph Then)*

Anmerkung
(1) www.saveourseeds.org

Gentechnik

Die Saat der Unbeugsamkeit

Von Christoph Then

Weltweit wollen sich immer weniger Menschen einseitigen Wirtschaftsinteressen beugen und die unkontrollierbaren Risiken gentechnisch veränderten Saatguts in Kauf nehmen.

Wer sich mit Gentechnik und Patenten in der Landwirtschaft befasst, muss nicht lange nach den Problemen und deren Verursachern suchen. Treiber der Entwicklung sind global agierende Konzerne, deren Geschäftsmodell auch die Zerstörung einer lebenswerten Zukunft in Kauf nimmt (vgl. S. 27 ff.). Diese Konzerne haben in den vergangenen Jahren große Summen in die Kontrolle der Saatgutmärkte investiert. Die traditionellen Züchter sind zu großen Teilen aufgekauft, über Patente wird der freie Zugang zur biologischen Vielfalt blockiert, den insbesondere die mittelständischen Betriebe bräuchten, um im Wettbewerb zu bestehen. Die Strategie der Konzerne ist aus der Logik des Marktes geboren: Saatgut ist ein krisenfester Rohstoff, denn gegessen werden muss immer und der Hunger der Welt, das heißt die Zahl der Konsument(inn)en, wächst stetig. Wichtig sind dabei vor allem die Verbraucher(innen), die für ihr Essen bezahlen können und diese wollen große Konzerne wie Bayer glauben machen, dass nur sie in der Lage seien, die Menschheit satt zu machen. Bayer und Monsanto kontrollieren zusammen mehr als ein Viertel des internationalen Saatgutmarktes, sie haben längst auch in Europa ihre Patente auf Tomaten, Gurken, Melonen, Salat und Kohlgewächse aus konventioneller Zucht angemeldet. Zugleich bauen sie ihr Geschäft mit Gentechnikpflanzen aus, die gegen immer mehr Spritzmittel resistent gemacht werden.

Man hat oft den Eindruck, dass die Politik es hier bereits aufgegeben hat, an ihre eigene Gestaltungskraft gegenüber der Wirtschaftslogik des immer größeren Profits, eines Wachstums auf Kosten der Zukunftsfähigkeit, zu glauben. Solche Themen eignen sich nur bedingt für die Mobilisierung von Wähler(inne)n: Die globalen Verwerfungen der Märkte bleiben abstrakt und die Produktion von Lebensmitteln und Saatgut ist in den Industrienationen nur für wenige erfahrbar.

Die Pflanzenzucht der Zukunft

Die Lösung kommt nicht aus der Politik, vielmehr muss die Zivilgesellschaft massiv intervenieren. Die Saatgutinitiative Save Our Seeds (SOS) setzt hier ein Zeichen, schafft ein Gegenmodell, das in der Auseinandersetzung um Ideen, Konzepte und Werte Bestand haben und Veränderungen bewirken kann (vgl. S. 88). Zum einen geht es ganz konkret darum, konventionelles und biologisches Saatgut von Verunreinigungen mit gentechnisch veränderten Organismen freizuhalten. So wird die Grundlage für eine gentechnikfreie Landwirtschaft und Lebensmittelproduktion der Zukunft, insbesondere für den biologischen Landbau, geschaffen. Mit der Erhaltung der Sortenvielfalt samenfester Kulturpflanzen, ihres freien Austausches und ihrer öffentlichen Verfügbarkeit sowie mit dem Bildungs- und Kampagnenprojekt *2.000 Quadratmeter* zeigt SOS im Detail, wie die Pflanzenzucht und Landwirtschaft der Zukunft funktionieren können.

Darüber hinaus spielt das Projekt eine besondere Rolle in der Entwicklung nationaler, europäischer und internationaler Kooperation und Vernetzung von Verbänden, Institutionen, Organisationen und Unternehmen. Die bundesweit bekannten De-

1994

2003

monstrationen „Wir haben es satt!", die zur gleichen Zeit wie die alljährliche Grüne Woche in Berlin stattfinden, zeigen, dass aus der einstigen Graswurzel- eine starke Bewegung gewachsen ist, die erheblichen Einfluss auf die politischen Entscheider(innen) ausüben kann.

Bei alldem geht es darum, das Bewusstsein für die überlebenswichtigen, globalen Zukunftsaufgaben einer Landwirtschaft zu schärfen, die sich an ökologischer Notwendigkeit, Gerechtigkeit und Gemeinschaft orientiert. Ziel ist ein Paradigmenwechsel weg vom herkömmlichen Produktivismus hin zu einer Reform der EU-Agrarpolitik für eine ökologische, faire und bäuerliche Landwirtschaft.

Save our Seeds verdeutlicht, wie sich aus konkreten Problemstellungen wirkmächtige politische Ideen und Bewegungen entwickeln: Galt die Forderung nach Nulltoleranz für Gentechnik im Saatgut vor wenigen Jahren noch als utopisch, ist sie heute die Position aller im Bundestag vertretenen Parteien und der großen Mehrheit der Regierungen der EU. Initiativen wie SOS sind richtungsweisend für die Zukunft und helfen zu verhindern, dass diese durch einseitige Wirtschaftsinteressen verbaut und den nachfolgenden Generationen die unkontrollierbaren Risiken des Gentechnik-Saatguts aufgezwungen werden. Ein Erfolg kann diese Bewegung dann werden, wenn immer mehr Menschen und auch die Politik zu der Erkenntnis kommen, dass die Werte der Zukunft sich nicht im Börsenkurs von Bayer abbilden lassen.

Was schätzen Sie an der *politischen ökologie?*

Ich hoffe, dass die *politische ökologie* auch in Zukunft wichtige Impulse für eine ökologische Politik gibt.

Zum Autor

Christoph Then, geb. 1962, ist Geschäftsführer von Testbiotech e.V. Der Verein befasst sich mit der Folgenabschätzung im Bereich der Biotechnologie und fördert eine unabhängige Risikoforschung.

Kontakt

Dr. Christoph Then

E-Mail info@testbiotech.org

Global Fishing Watch – Satelliten gegen illegale Fischerei

Wie ist der weltweiten Überfischung der Meere beizukommen? Gesetzlich festgelegte Grenzen und regulierende Gesetze sind ein wichtiger Bestandteil der Lösung, doch viel zu oft wird gegen diese Vorgaben verstoßen und illegale, nicht regulierte oder nicht gemeldete Fischerei betrieben. Die Meere sind groß und die Übeltäter nur schwer zu entdecken und zur Rechenschaft zu ziehen. Deswegen haben im September 2016 die NGO Oceana, die Non-Profit-Organisation SkyTruth und Google das Projekt *Global Fishing Watch* (1) ins Leben gerufen, das darauf hoffen lässt, unerlaubte Fischerei bald wirksam unterbinden zu können. Finanziert wird das Projekt durch verschiedene Stiftungen.
Nahezu jedes hochseetaugliche Schiff hat heutzutage ein eingebautes Antikollisionsgerät, das von Satelliten angepeilt werden kann. *Global Fishing Watch* sammelt so Daten über den Aufenthalt der Schiffe und analysiert diese, um verdächtige Aktivitäten festzustellen. Dabei spielen Faktoren wie die Geschichte des jeweiligen Schiffs und dessen Bewegungen eine Rolle, außerdem lässt sich feststellen, ob Übertragungsgeräte absichtlich deaktiviert wurden. *Global Fishing Watch* markiert auf einer öffentlich verfügbaren Online-Karte alle potenziellen Fälle von unerlaubter Fischerei (vgl. Abb.). Länder und Privatpersonen können sich auf dem Portal von *Global Fishing Watch* informieren oder die für sie relevanten Daten abonnieren – völlig kostenlos. Derzeit ist der Logarithmus, der verbotenes Fischen identifiziert, noch nicht völlig ausgereift, sodass allein auf seiner Grundlage keine rechtlichen Schritte gegen Verdächtige eingeleitet werden können. Doch bereits jetzt können Behörden mit gezielten Kontrollen auf Verdachtsfälle reagieren.

Während allein die effektive Bekämpfung verbotener Fischerei bereits eine große Leistung ist, bietet *Global Fishing Watch* noch mehr: Mit den gewonnenen Bewegungsdaten, die maximal 72 Stunden alt sind, können Wissenschaftler(innen) die weltweite Fischerei beinahe in Echtzeit verfolgen und so zum Beispiel Interaktionen mit der Tierwelt oder dem Tourismus analysieren. *(dw)*

Anmerkung
(1) www.globalfishingwatch.org

Meeresschutz

Das Geschenk der Ozeane bewahren

Von Frank Schweikert

Um zu verhindern, dass die Meere in Bälde leergefischt sind, braucht es unabhängige Informationen und ehrliche Preise statt subventionierter Billigprodukte.

Jahrzehntelang war die Fischerei mit teilweise kriminellen Methoden dabei erfolgreich, bereits bestehende Gesetze zu unterlaufen und buchstäblich unter dem Radar der Aufsichtsbehörden illegale Fischerei zu betreiben. Die Meeresnatur davor zu schützen bedarf des gesunden Menschenverstands, der statt gewinnsüchtigen nicht-nachhaltigen Konzernen den Menschen und der Natur dient. Hier braucht es allerdings noch dringende und grundlegende Optimierung. Ich selbst war fassungsloser Beobachter, als das Europäische Parlament in Straßburg 2015 die Tiefseefischerei erlaubte und beschloss, Unsummen für Fischereirechte an Marokko für die Westsahara zu zahlen, die das Land wohl gar nicht besitzt. (1) Selbst erfahrene und sachkundige EU-Parlamentarier(innen) standen ratlos vor dieser Entscheidung, die durch lobbybeeinflusste Parteipolitik und nicht durch vernünftige Sachentscheidungen für eine nachhaltige Meeresumwelt zustande gekommen war.

Die Meere sind ein derart komplexes System, dass auch parteipolitisch weitgehend unbeeindruckte Politiker(innen) sich oft auf sekundäre Informationen verlassen müssen – und diese kommen noch viel zu häufig aus der Feder von (finanz-) mächtigen Lobbyorganisationen. Selbst die offiziellen Zahlen der internationalen UN-Lebensmittelbehörde FAO (Food and Agriculture Organization) sind nach Informationen von Insidern oft falsch. Wie soll darauf eine nachhaltige und vor allem glaubwürdige und dem Menschen wie den Ozeanen dienende Politik aufbauen?

Der Schutz der Meere benötigt dringend Transparenz und Kommunikation mittels einer klaren Sprache, die Gesellschaft, Politik und Wirtschaft gleichermaßen verstehen können. Unabdingar ist es, glaubwürdige Wissenschaft mit geeigneten, nachvollziehbaren Kommunikationsmodellen zur Information von Öffentlichkeit und Entscheidungsträger(inne)n zu verknüpfen. Nur dann wird es gelingen, die zahlreichen und teils eklatanten Versäumnisse im Meeresschutz rasch nachzuholen. Die globale Transparenz von Fischereiaktivitäten ist eine ganz wesentliche und technisch einfach zu realisierende Basis, um Entscheidungsträger(inne)n und Kund(inn)en die Verknüpfung zwischen dem gnadenlosen Leerfischen der Meere und dem Konsum aufzuzeigen. Das Projekt *Global Fishing Watch* (vgl. S. 92) geht hier einen ersten wichtigen Schritt für mehr Transparenz vom Fischer bis zur Fischtheke.

Eine Handelskette ohne Verlierer

Diese Transparenz braucht es übrigens nicht nur in der Fischerei, sondern in allen Bereichen der modernen Lebensmittelindustrie (vgl. S. 85 ff.). Das Ziel muss sein, den Menschen zu zeigen, wie ihr Handeln durch Kaufentscheidungen letztendlich dem Glück, Wohlbefinden und Frieden aller anderen Menschen weltweit dient und darüber hinaus sogar dem globalen Klima – eine Handelskette ohne Verlierer(innen)! Ist für die Verbraucher(innen) ersichtlich, mit welchen Methoden und teilweise kriminellen Energien Nahrungsmittel entstehen und gehandelt werden, können sie entscheiden, diese Produkte nicht mehr zu kaufen und so dafür sorgen, dass nicht-nachhaltige Anbieter ihren Markt verlieren.

politische ökologie

2008

2009

2016

In Deutschland gibt es mit dem Unternehmen Deutsche See seit über 15 Jahren ein Paradebeispiel für die gelingende Transparenz vom Fischer bis zum Vertrieb. Der Preis für nachhaltigen Fisch in Deutschland hat sich verdoppelt, die Qualität wurde erhöht. Nur durch diesen (fast) ehrlichen Preis, den die Verbraucher(innen) zahlen, können die Fischer an der Basis nachhaltige Fischereimethoden anwenden - und dadurch auch die Zukunft ihrer eigenen Betriebe sichern. Und nicht nur in der Fischerei, sondern in allen Handelsbereichen werden wir uns daran gewöhnen müssen, dass wir am Ende insgesamt ehrliche Preise für unsere Produkte bezahlen und nicht wie bisher die oft durch Subventionen gestützten Billigprodukte kaufen - zum Vorteil weniger Investoren und zum Nachteil von Ozeanen und Menschen (vgl. S. 115 ff.).

Anmerkung

(1) Seit dem Waffenstillstand von 1991 hat Marokko den Großteil der Westsahara besetzt und verwaltet diesen nach marokkanischem Recht.

Was schätzen Sie an der *politischen ökologie?*

Sie ist eine unverzichtbare, sachlich orientierte politische Diskussionsplattform auf höchstem Niveau im sonst fast unüberschaubaren von der Profitlobby beeinflussten Meinungsdschungel.

Zum Autor

Frank Schweikert, geb. 1963, ist Journalist und Biologe. Seit 1992 betreibt er das Forschungs- und Medienschiff Aldebaran und arbeitet als Autor und Produzent. 2015 gründete er die Deutsche Meeresstiftung.

Kontakt

Frank Schweikert
E-Mail frank.schweikert@meeresstiftung.de

Rhein-Sanierung: Einst Kloake, heute Lachsgewässer

Von Basel bis Rotterdam sind es etwa 700 Kilometer – 700 Kilometer Fließstrecke, auf denen der Rhein in den 1960er-Jahren kurz vor dem Exitus stand. 1969 war die Gewässerökologie von der Mainmündung bis nach Rotterdam völlig zusammengebrochen. Der Grund: In der zweiten Hälfte des vergangenen Jahrhunderts war der Rhein der Strom mit der höchsten Dichte an Chemiebetrieben auf dem Globus, mehreren großen Zellstofffabriken und Raffinerien, der intensivsten Binnenschifffahrt in Europa und der höchsten Einwohner(innen)dichte aller großen europäischen Flusseinzugsgebiete. Entsprechend enorm war die Abwasserbelastung. Die Papierwerke Waldhof bei Mannheim leiteten riesige Mengen von chlororganischen Stoffen aus der Chlorbleiche des Zellstoffs in den Rhein ein. Mit den Salzeinleitungen aus den oberelsässischen Kaligruben hätte man jedes Jahr eine ein Meter breite und elf Meter hohe „Salzmauer" entlang des gesamten Rheins errichten können.

Gleichwohl hing die Trinkwasserversorgung von Millionen Menschen vom gefilterten Wasser des Rheins, dem sogenannten Rheinuferfiltrat, ab. Die Mikroverunreinigungen im Trinkwasser waren zwar nicht zu sehen, aber Chloramine und Phenolverbindungen konnte man zuweilen deutlich riechen und schmecken. Es brauchte aber erst zwei große ökologische Katastrophen und gehörigen Druck aus der Zivilgesellschaft, bis der Ausbau der Kläranlagen beschleunigt und die Wassergesetzgebung von der Politik verschärft wurde (vgl. S. 97).

Ein halbes Jahrhundert später gilt die Sanierung des Rheins als Paradebeispiel einer gelungenen Flussgesundung. Der Lachs ist zum Maskottchen der Umweltminister(innen) der Rheinanliegerstaaten avanciert, mittlerweile werden über 1.900 Lachse gezählt, die zu ihren Laichgründen in die Nebenflüsse des Stroms wandern. Über 60 andere Fischarten tummeln sich wieder im Wasser. Außer dem Stör sind alle Arten wieder vertreten, die vor der Industrialisierung hier gelebt haben. Delegationen aus Indien schauen sich heute am Rhein an, wie auch die Gesundung des Ganges gelingen könnte. *(Nik Geiler)*

Gewässerschutz am Beispiel des Rheins

Gesund infolge zweier Öko-Katastrophen

Von Nik Geiler

Die Sanierung des Rheins ist ein Gesamtkunstwerk, das sich dem Engagement von Wasserwerkern, Umweltaktivisten, Politikerinnen und Mitarbeitern in der Verwaltung verdankt.

Vom Hubschrauber aus glitzert der Rhein völlig silbrig. Millionen tote Fische treiben mit dem Bauch nach oben auf der gesamten Strecke von der Mainmündung bis hinunter nach Rotterdam. Im Sommer 1969 findet die mit Abstand größte Ökokatastrophe im Rhein statt. Eine hohe organische Belastung, hohe Wassertemperaturen, niedrigste Sauerstoffgehalte und vermutlich die Einleitung eines Insektenvernichtungsmittels verursachen den Tod der gesamten Fischfauna.
Als erste Gruppierung, die Druck für mehr Gewässerschutz am Rhein macht, organisierte sich damals die Arbeitsgemeinschaft der Rheinwasserwerke (ARW). Die Rheinwasserwerke standen vor der immer schwieriger werdenden Aufgabe, aus dem versifften Rheinuferfiltrat ein hinlänglich akzeptables Trinkwasser produzieren zu müssen. Der Druck der ARW führte dazu, dass entlang der vielzitierten „Pissrinne Europas" Kommunen und Industrie die ersten Kläranlagen in Betrieb nahmen oder optimierten. Das nächste Schockerlebnis war die Sandoz-Giftwelle im November 1986. Die mit Insektiziden belasteten Löschwässer beim Brand des Chemieunternehmens Sandoz bei Basel hatten die anfänglichen Sanierungserfolge zumindest am Oberrhein über Nacht wieder zunichte gemacht.
War die Ökokatastrophe von 1969 noch ohne großen Aufschrei der Öffentlichkeit über die Bühne gegangen, hatte die Sandoz-Giftwelle einen ungeheuren Widerhall

in den Medien erfahren. Dadurch geriet die Politik unter enormen Zugzwang, der Ausbau der Kläranlagen wurde beschleunigt, die Wassergesetzgebung verschärft. Die inzwischen weitgehend gelungene Sanierung des Rheins und seiner Nebenflüsse ist somit die Folge dieser beiden Katastrophen. Richtigen Schwung hat sie nur erhalten, weil die zweite Katastrophe mit der hohen Ökosensibilität der 1980er-Jahre zusammentraf. Mit Tschernobyl und dem Robbensterben in Ost- und Nordsee war 1986 das Umweltbewusstsein in Deutschland auf einem Höhepunkt angekommen. Die dadurch ausgelöste Dynamik führte dazu, dass Milliarden Mark, Franken und Gulden in den Ausbau industrieller und kommunaler Kläranlagen investiert wurden. Bei Industrieanlagen wurden zudem Löschwasser- und Havariebecken in Betrieb genommen. In vielen Industriesektoren rückte die prozessintegrierte Abwasservermeidung in den Vordergrund. Die sogenannte End-of-the-Pipe-Reinigung in Kläranlagen war nur noch zweite Wahl.

Internationales Vorzeigeprojekt

Schon seit Ende der 1970er-Jahre hatten Greenpeace und Bürgerinitiativen entlang des Rheins mit spektakulären Aktionen – wie dem Zumauern von Abwasserrohren – den Boden für diese dynamische Entwicklung vorbereitet. Die Rheinsanierung ist ein Gesamtkunstwerk, das dem Engagement von wortgewaltigen Wasserwerkern, zahllosen Umweltaktivist(inn)en im Rheineinzugsgebiet, vorwärtstreibenden Politiker(inne)n wie Klaus Töpfer und einer Heerschar von Mitarbeiter(inne)n in den Wasserwirtschaftsabteilungen der Länderumweltministerien und in den Regierungspräsidien respektive Bezirksregierungen zu verdanken ist.

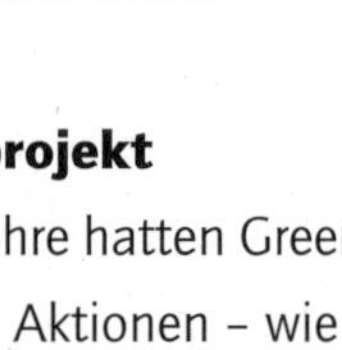

1994

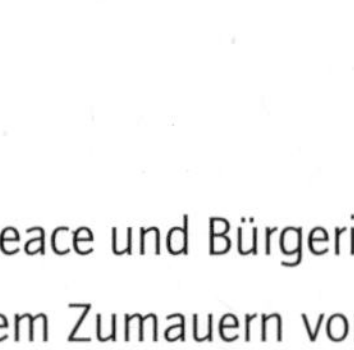

2003

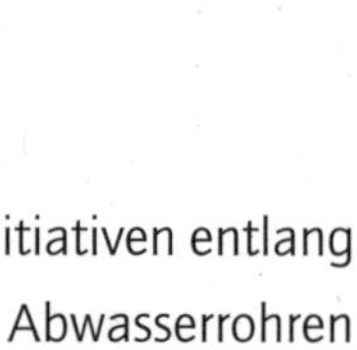

2012

Mittlerweile ist die Rheinsanierung weltweit zu einem Vorzeigeprojekt avanciert. Bei der Internationalen Kommission zum Schutz des Rheins (IKSR) in Koblenz wollen die Delegationen aus den grenzüberschreitenden Flusseinzugsgebieten in Asien, Lateinamerika und Afrika wissen, wie man die unterschiedlichen Interessen der Rheinanliegerländer unter einen Hut bekommen kann. Doktorand(inn)en aus zahlreichen Ländern wollen in Erfahrung bringen, wie grenzüberschreitende Zusammenarbeit an einem Fluss gelingen kann, an dem noch vor 80 Jahren hochgerüstete Armeen erbitterte Schlachten führten. Insofern ist die Rheinsanierung auch ein Hoffnungsschimmer für die zahlreichen Konflikte in der Welt, die an grenzüberschreitenden Flussläufen drohen, sich zu kriegerischen Auseinandersetzungen auszuwachsen.

Gleichwohl muss man auch am Rhein Wasser in den Wein gießen. Ein Teil des Erfolgs im rheinischen Gewässerschutz ist darauf zurückzuführen, dass die dort ansässigen Chemieunternehmen ihre Grundchemikalien nicht mehr selbst herstellen, sondern da einkaufen, wo die Preise am niedrigsten sind – das ist in der Regel in Indien und China, wo diese Chemikalien oft unter skandalösen Bedingungen für Mensch und Umwelt produziert werden. Und einen Teil der Unternehmen, die früher maßgeblich zur Abwasserlast im Rhein und seinen Nebenflüssen beigetragen haben, sucht man heute im Rheineinzugsgebiet vergeblich. Beispielsweise haben Zellstofffabriken teilweise und die Textilveredlungsindustrie fast komplett dicht gemacht. So gilt leider nach wie vor das Motto: Je sauberer der Rhein, desto dreckiger der Yangtse.

Was schätzen Sie an der *politischen ökologie?*
Wenn es gilt, sich in ein neues Thema einzuarbeiten, sind die facettenreichen Themenbände der *politischen ökologie* ein prima Einstieg.

Zum Autor
Nik Geiler, geb. 1952, Chemielaborwerker, Biologe und Limnologe, ist freiberuflich tätig in der Wasserwirtschaft.

Kontakt
Nik Geiler
E-Mail nik@akwasser.de

Global Alliance for the Rights of Nature

Die international agierende Global Alliance for the Rights of Nature (Globale Allianz für die Rechte der Natur) fordert, nicht nur Menschen und Tieren, sondern auch der Natur insgesamt Rechte zuzugestehen. (1) Damit sind alle Komponenten unserer komplexen Ökosysteme wie Lebewesen, Pflanzen oder Gewässer gemeint. Gegründet hat sie sich 2010 in Patate, Ecuador, auf der Internationalen Zusammenkunft für die Rechte der Natur. Sie basiert auf der universellen Deklaration der Rechte der Natur, die kurz davor auf der Konferenz der Weltvölker für Klimawandel und die Rechte von Mutter Erde in Cochabamba, Bolivien, präsentiert wurde. Der Allianz, der Menschen aus aller Welt angehören, geht es nicht allein um moralische Überlegungen, sondern auch um die Tatsache, dass der Mensch seine ausbeuterische Einstellung zur Natur zugunsten einer kooperativen Haltung ablegen muss. Sie macht darauf aufmerksam, dass auch wir Menschen betroffen sind, wenn unsere Umwelt krankt. Folglich dürfen wir sie nicht weiter als bloßes Eigentum, als Nutzgegenstand betrachten, sondern müssen ihr, wie indigene Gesellschaften seit jeher, ein unabhängiges Recht zusprechen zu existieren, zu gedeihen, sich zu regenerieren und sich weiterzuentwickeln.

Im Zentrum der Kritik steht, dass derzeit die Zerstörung der Natur durch Gesetze ausdrücklich erlaubt wird: Wer etwa vorgeschriebene Grenzwerte einhält, handelt mit seinem möglicherweise dennoch stark umweltschädigenden Verhalten völlig rechtskonform. Somit befindet sich die Natur trotz immer zahlreicher werdenden Regulierungen in einem sich stetig verschlechternden Zustand. Daher sollte nach Ansicht der Allianz generell verboten sein, was sich nachteilig auf die Umwelt auswirkt. Geraten die Rechte der Natur mit anderen Rechten in Konflikt, sollte ein Kompromiss geschlossen werden, der den Bedürfnissen beider Seiten bestmöglich entspricht.
Die Aktivist(inn)en der Allianz stellen noch eine weitere Forderung: Da die Natur ihre Position nicht selbst vertreten kann, finden sie, dass es allen Menschen erlaubt sein muss, im Namen der Natur juristisch tätig zu werden. Deshalb organisiert die Allianz sogenannte Tribunale (vgl. Abb.), bei denen alle Menschen die Gelegenheit haben, vor namhaften Anwält(inn)en und Führungspersönlichkeiten im Bereich der globalen Gerechtigkeit Naturzerstörungen anzuprangern.
Die Bemühungen der Allianz trugen bereits Früchte: Verschiedene Städte haben entsprechende Gesetzesänderungen vorgenommen. Mit Ecuador gewährte inzwischen sogar das erste Land der Natur Rechte und auch Bolivien schickt sich an diesem Vorbild zu folgen. *(dw)*

Anmerkung
(1) www.therightsofnature.org

Ökologische Gerechtigkeit

Der Natur zu ihrem Recht verhelfen

Von Helga Inden-Heinrich

Eine intakte Umwelt ist unsere Lebensgrundlage. Erlangen Flüsse, Berge und Tiere das verbriefte Recht auf Existenz und Regenerierung, wird es viel einfacher, sie vor Zerstörung und Missbrauch zu schützen.

Alle Menschen haben ein Anrecht auf eine gesunde Umwelt und intakte Natur. Nicht alle Menschen haben aber die gleiche Teilhabemöglichkeit, es gibt stark Benachteiligte und stark Begünstigte. Offensichtlich geht ökologische Gerechtigkeit mit sozialer Gerechtigkeit einher. Maßlose Waldrodungen, unaufhaltbares Artensterben und der Verlust an natürlichen Lebensräumen, Verschmutzung und Überfischung der Weltmeere, aber auch Beschneidung der Grünbereiche, Lärmbelastungen oder Luftverschmutzung im Siedlungsbereich haben direkte soziale Auswirkungen.

Ökologische Gerechtigkeit heißt nicht nur gleiche Teilhabe an Natur und gleiches Recht auf Naturerleben, sondern auch, die Rechte der Natur, die Rechte aller Lebewesen sowie den Umgang mit Naturgütern im Ganzen in die Betrachtung einzubeziehen und zu respektieren. Die Global Alliance for the Rights of Nature (vgl. S. 100) ist eine weltweite Bewegung von Einzelpersonen und Organisationen, die sich dafür engagiert, dass die Achtung der und die Achtsamkeit gegenüber der Natur einen höheren gesellschaftlichen Stellenwert erhält. Dafür fordert sie ein eigenständiges Recht der Natur – sprich dass Bäume, Meere, Tiere, Berge gleiches Recht wie auch wir Menschen haben sollten.

> **„Der Schutz und das Recht der Natur sollten in den Verfassungen aller Nationen verankert werden.“**

Die Allianz geht davon aus, dass in der Gemeinschaft viel erreicht werden kann, sei es für die Sensibilisierung, für das Bewusstmachen von ökologischen und sozialen Zusammenhängen oder für das Initiieren von Lösungsmöglichkeiten und Vorschlägen für die konkrete Umsetzung. Sie sehen sich als Fürsprecher(innen) für das Recht der Natur, sie klagen die Verursacher(innen) von Naturzerstörung an, diese müssen sich rechtfertigen und das bringt einen Diskussionsprozess in Gang. Das Projekt trägt weltweit enorm zur Aufklärung über Umweltzerstörung und ihre Folgen bei. Es legt den Finger in die Wunden und sorgt für die notwendige Empörung über das gesellschaftliche und globale Machtgefüge, das ein nachhaltiges Leben auf unserem Planeten gefährdet.

Zivilgesellschaft stärker beteiligen

Eine sozial-ökologische Transformation erfordert die grundlegende Änderung unserer Wirtschafts- und Gesellschaftsordnung. Ökologische Fragen und Folgen müssen auch ausschlaggebende Aspekte bei wirtschaftlichen und politischen Entscheidungen sein und dürfen nicht bei geringsten wirtschaftlichen Bedenken hinten runterfallen. Unser wirtschaftliches Handeln muss die Natur mit in seine Rechnung einbeziehen. Eine intakte Natur und Umwelt sind unsere Lebensgrundlage. Daher

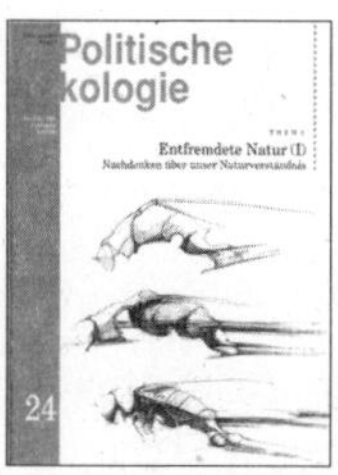

1991

1992

2006

2014

bedarf es einer dringenden Entkoppelung von wachsendem Ressourcenverbrauch und der Zerstörung der Natur. All das würde mit einem universalen Recht der Natur, zu existieren, sich zu regenerieren und sich weiterzuentwickeln, beachtet und umgesetzt. Damit nachhaltiges und naturverträgliches Leben erreichbar wird, muss die Beteiligung der Zivilgesellschaft an politischen Entscheidungsprozessen deutlich ausgebaut werden. Die Allianz sollte weiterhin auf die verschiedenen gesellschaftlichen Akteure zugehen und für die Unterstützung ihrer Idee werben. Außerdem sollten der Schutz und das Recht der Natur in den Verfassungen aller Nationen verankert werden.

Des Weiteren müssen sich die Mitglieder der Zivilgesellschaft stärker vernetzen und gemeinsam ökologische Gerechtigkeit vorantreiben, voneinander lernen und vor allem stetige Überzeugungsarbeit bei den politischen und wirtschaftlichen Entscheidungsträger(inne)n leisten. Die Wirtschaft muss endlich die Abwälzung interner Kosten auf Wehr- und Stimmenlose sowie die Natur beenden. Politik und Wirtschaft müssen es als ihre Aufgabe und Verantwortung ansehen, die Umstellung auf ökologisch verträgliche Lebens- und Wirtschaftsformen zu garantieren. Das bedeutet auch, die dafür notwendigen finanziellen Mittel bereitzustellen.

An der *politischen ökologie* schätze ich ...

... das Finden und schnelle Aufgreifen von aktuellen Themen und Fragestellungen, die vielfältige und doch stimmige Zusammenstellung an Autor(inn)en, die gute Lesbarkeit und das handliche Format. Es ist immer eine Freude, die *pö* zu lesen und zu den Mitwirkenden zu gehören.

Zur Autorin

Helga Inden-Heinrich, geb. 1954, ist Geschäftsführerin des Deutschen Naturschutzrings, dem Dachverband der deutschen Natur-, Tier- und Umweltschutzorganisationen, in dem sie seit 1983 tätig ist.

Kontakt

Helga Inden-Heinrich
E-Mail helga.inden-heinrich@dnr.de

ARBEITEN UND WIRTSCHAFTEN

Ob das bedingungslose Grundeinkommen funktioniert, wird gerade in Finnland, den Niederlanden und Kenia erprobt +++ Ökologisch sinnvoll und individuell sinnstiftend zu arbeiten, gelingt den Gründern der Getränkemarke *Ostmost* +++ Die Initiative Urocal stärkt die kleinbäuerliche Landwirtschaft in Ecuador und den fairen Handel +++ Als erster asiatischer Staat hat Vietnam eine Öksteuer eingeführt +++ Ethisch motivierte Banken legen Gelder sozial und ökologisch verträglich an +++ Reallabore betreiben innovative Nachhaltigkeitsforschung +++ Der erschwingliche Filter *Fair Cap* macht aus dreckigem Wasser Trinkwasser +++ Die Firma Solmove tüftelt Straßenbeläge aus, die Strom liefern +++ Die Internetplattform *Foodsharing* bewahrt noch verzehrbare Lebensmittel vor dem Wegwerfen +++ Lastenräder gemeinsam zu nutzen, ermöglicht die Sharing Community *Fairvelo* +++

Experimente zum bedingungslosen Grundeinkommen

Das bedingungslose Grundeinkommen - ein Konzept, das polarisiert: „Endlich finanzielle Sicherheit, Freiheit und soziale Gerechtigkeit", schwärmen die Befürworter(innen). „Wer würde denn da noch arbeiten?", unkt die Gegenseite. Inzwischen haben Finnland und die Niederlande als erste Industrieländer damit begonnen, das Potenzial der revolutionären Idee mit größeren Experimenten zu testen. 2.000 zufällig ausgewählten Arbeitslosen gibt die finnische Regierung im Rahmen des Projekts Perustulo seit dem 1. Januar 2017 für zwei Jahre je 560 Euro im Monat. Dieser Betrag ersetzt Arbeitslosen-, Kranken- und Elterngeld und ist genauso hoch wie das reguläre Arbeitslosengeld; zusätzlich erhalten die Personen noch Geld für ihre Sozialversicherung, und auch das Wohngeld wird weiterhin ausbezahlt.
In den Niederlanden startete die Stadt Utrecht zusammen mit der dortigen Universität 2016 einen ähnlichen Versuch; im Unterschied zu Finnland erhalten hier aber nur einige der Versuchsteilnehmer(innen) das Geld bedingungslos, andere müssen bestimmte Vorgaben erfüllen. Dazu merkt das *Netzwerk Grundeinkommen* jedoch kritisch an, dass in Utrecht eher ein intelligenteres Anreizsystem getestet würde statt eines wirklich bedingungslosen Grundeinkommens: Im finnischen Modell entspricht das monatliche Grundeinkommen nur knapp der Hälfte des als Armutsrisikogrenze festgesetzten Betrags und in den Niederlanden hat ein Verdienst über 199 Euro eine Reduzierung des Grundeinkommens zur Folge. Obwohl die Studien noch nicht abgeschlossen sind, gibt es laut Projektleiterin Marjukka Turunen bereits einen positiven Effekt auf die psychische Gesundheit der finnischen Teilnehmenden, die nun weniger unter Stress litten. Auch habe sich die Angst, dass niemand mehr arbeiten würde, nicht bewahrheitet, denn das niedrige Einkommen aus schlecht bezahlten Jobs ersetzt im Gegensatz zum Arbeitslosengeld beim bedingungslosen Grundeinkommen nicht die (höhere) staatliche Unterstützung, sondern sorgt für einen Mehrverdienst.
Das bislang größte wissenschaftlich begleitete Experiment zu den Auswirkungen des bedingungslosen Grundeinkommens plant die Non-Profit-Organisation GiveDirectly: Zwölf Jahre lang sollen 26.000 Menschen aus 200 verschiedenen Orten in Kenia beteiligt sein, 6.000 davon sollen über den ganzen Zeitraum ein bedingungsloses Grundeinkommen erhalten. Von den für den Start des Experiments benötigten 30 Millionen US-Dollar sind bereits 24,4 Millionen eingesammelt. *(dw)*

Bedingungsloses Grundeinkommen

Von wegen Füße hochlegen für alle

Von Katharina Reuter

Ein bedingungsloses Grundeinkommen wird Entwicklungspotenziale freisetzen, die es uns ermöglichen werden, Anpassungsprozesse effektiver, mutig, aber auch abgesichert anzugehen.

Wir sind wahnsinnig produktiv. Wir haben eine leistungsfähige Volkswirtschaft mit hohem Lebensstandard für einen Teil der Gesellschaft geschaffen. Wir beobachten in unserer Volkswirtschaft mit gesättigten Märkten aber auch immer stärker eine gleichzeitige strukturelle Arbeitslosigkeit. Aber nicht nur, weil Arbeitsplätze wegrationalisiert werden, ist die Frage nach einem Grundeinkommen für alle Menschen zukunftsweisend. Vor allem auch, weil wir anders über Arbeit nachdenken müssen. Was gilt künftig als Arbeit? Müssen Menschen Arbeitnehmer(innen) sein, damit sie vollwertige Mitglieder unserer Gesellschaft sind? Was ist mit der Arbeit, die heute schon unbezahlt geleistet wird, etwa Sorgearbeit oder ehrenamtliche Arbeit? Was ist gute Arbeit oder wie lässt sich Arbeit so umgestalten, dass sie sozialökologisch gerecht ist?

Ein bedingungsloses Grundeinkommen wäre gerechter und klarer als Hartz IV und das Geflecht weiterer staatlicher Leistungen. Es ist eine sozialpolitisch gebotene Anforderung an Verteilungsgerechtigkeit, Chancengleichheit und insbesondere die materielle Absicherung vor den Risiken plötzlichen Einkommensverlustes.

Eine andere Bewertung und Entlohnung von Erwerbs-, Sorge- und ehrenamtlicher Arbeit ist ein wichtiger Baustein für die Große Transformation. Unsere Gesellschaft wird in den kommenden Jahrzehnten einem extrem stark ausgeprägten ökonomischen, technologischen und sozialen Wandel unterliegen. Die Auswirkungen der Digitalisierung können wir heute noch nicht absehen (vgl. S. 139 ff.). Fest steht aber, sie wird Fluch und Segen zugleich sein und beispielsweise viele Arbeitsplätze in den Branchen kosten, in denen sich Menschen durch Maschinen und Technik ersetzen lassen. Ein bedingungsloses Grundeinkommen wird Entwicklungspotenziale freisetzen, die es uns ermöglichen werden, Anpassungsprozesse effektiver, mutiger aber auch abgesichert anzugehen. Ich bin überzeugt davon, dass sich Leistungswille, der Wunsch des Individuums einen Beitrag für die Gesellschaft zu leisten, und ein bedingungsloses Grundeinkommen nicht gegenseitig ausschließen.

Wertschätzung von Arbeit, neu definiert

Um die Idee des bedingungslosen Grundeinkommens zu verbreiten, muss die Unterstützung aus Zivilgesellschaft und Wirtschaft für diesen Systemwechsel wachsen. Kritiker(innen) meinen, das bedingungslose Grundeinkommen sei ein »anstrengungsloses« Einkommen. Es gilt das Leistungsprinzip: „Nur wer etwas in der Erwerbsarbeit leistet, ist etwas wert". Die negative Haltung zum Grundeinkommen rührt teilweise auch daher, dass die Einführung als Kränkung eigener Leistungen und Anstrengungen gesehen und von der Überzeugung gestützt wird, „man habe sich ja selbst erfolgreich im Arbeitsmarkt geschlagen", daher sei ein neues Instrument nicht notwendig. (1) Ich teile die Sorge der Kritiker(innen) nicht, dass mit der Einführung des Grundeinkommens eine relevante Zahl von heute noch Berufstätigen nur noch die Füße hochlegen wird. Menschen, die so leben wollen, gibt es bereits heute, auch ohne bedingungsloses Grundeinkommen. Im Gegenteil, ich bin

1997

2011

überzeugt, dass der Ansatz aus der kritischen Entwicklungspsychologie gilt – dass der Mensch vielmehr tätiges als soziales Wesen ist. Denn im Tätigsein erleben wir Sinn. Es braucht aber vor allem die Politik, um das bedingungslose Grundeinkommen zu Mainstream zu machen. Und politischen Mut. Die bisherigen staatlichen Pilotprojekte in den Niederlanden und Finnland (vgl. S. 106) stellen wichtige Experimentierfelder dar, sie sind aber noch weit von einem echten und vor allem bedingungslosen Grundeinkommen entfernt. Das Instrument Grundeinkommen braucht gerade deshalb noch mehr (Er-)Forschung. Auch die Idee eines Ökologischen Grundeinkommens, über Ökosteuern finanziert, muss weiter untersucht werden. (2) Das bedingungslose Grundeinkommen ist eine Idee, die mainstreamfähig ist, weil sie auf gesellschaftliche Gleichheit und soziale Durchlässigkeit setzt. Und weil dadurch Wertschätzung von Erwerbs-, Sorge- und ehrenamtlicher Arbeit neu definiert wird.

Anmerkungen

(1) Ketterer, Hanna/Bossard, Evi et al.: Gerechtigkeitseinstellungen und Positionen zum Bedingungslosen Grundeinkommen. In: Zürcher Beiträge zur Psychologie der Arbeit 2/2013, S. 53.

(2) vgl. Schachtschneider, Ulrich (2014): Freiheit, Gleichheit, Gelassenheit. Mit dem Ökologischen Grundeinkommen aus der Wachstumsfalle. München.

Ich schätze an der *politischen ökologie ...*

... dass sie es immer wieder schafft, neue Impulse für den Wandel zu setzen! Nicht nur für die Wirtschaft, sondern auch für Gesellschaft, Wissenschaft und Politik.

Zur Autorin

Katharina Reuter, geb. 1976, Agrarökonomin, engagiert sich seit 20 Jahren für nachhaltiges Wirtschaften und führt seit 2014 die Geschäfte von UnternehmensGrün.

Kontakt

Dr. Katharina Reuter
E-Mail reuter@unternehmensgruen.de

Botschafter für Streuobstwiesen

„Streuobstwiesen sind unsere kleinen, regionalen Regenwälder" ist einer von Bernd Schocks Lieblingssätzen. Nirgendwo sonst sei die Artenvielfalt in Deutschland so groß, schwärmt der 46-jährige Wahlberliner. Doch in den vergangenen 50 Jahren sind vier Fünftel dieser wild anmutenden Paradiesgärten voll alter Obstbaumsorten, Insekten und Wildkräuter verschwunden: abgeholzt wegen mangelnder Wirtschaftlichkeit; zerstört, um von der EU geförderten Monokulturen Platz zu machen. Genau das will Schock ändern. Deshalb gründete er vor sechs Jahren zusammen mit anderen den Verein Äpfel und Konsorten und kurz danach die Getränkemarke *Ostmost.* (1) Acht Beschäftigte engagieren sich in unterschiedlichem Umfang für das Unternehmen. Viele sind als Streuobstwiesenbotschafter(innen) unterwegs, um Berliner Clubs, Cafés und kleine Läden als Kunden zu gewinnen. Klassische Werbung macht die Firma nicht, die Verbreitung läuft über Mund-zu-Mund-Propaganda.

Ostmost verkauft Cidre, Apfelsaft und verschiedene Sorten Schorle. Pro Flasche fließen fünf Cent an den Verein Äpfel und Konsorten, der neue Streuobstwiesen anpflanzt und alte pflegt. Im benachbarten Brandenburg gibt es heute nur noch 200 der vielfältigen Apfelgärten, weswegen Schock und seine Mitstreiter(innen) ihre Lieferantensuche auf ganz Ostdeutschland ausgedehnt haben. In Thüringen existieren immerhin noch rund 8.000 Streuobstwiesen.

Die Bauern und Bäuerinnen erhalten 25 Euro für 100 Kilo ihrer oft eigenwillig geformten und gefleckten Bioäpfel - und damit mehr als doppelt so viel, wie sie anderweitig für die Ernte erzielen könnten. „Warum denken die Leute bei fairen Preisen oft nur an Afrika und nicht auch an die Bauern hier?", fragt Schock. Ostmosts Lieferantenverträge sind langfristig, in besonders schlechten Ertragsjahren gibt es Zuschläge.

Eine 0,3-Liter-Flasche kostet je nach Sorte zwischen 89 Cent und 1,19 Euro und liegt damit im Rahmen dessen, was vor allem junge Leute für sogenannte Fancy-Drinks ausgeben. Das Design der Flaschenaufkleber spricht die Sehnsucht nach Natur an: Schluck für Schluck Bäumchen zu pflanzen verschafft ein gutes Gefühl. *(Annette Jensen)*

Anmerkung

(1) www.ostmost.berlin

Anders arbeiten

Von Beruf glücklich

Von Annette Jensen

In der Vergangenheit hat nur die Wirtschaftsleistung, nicht aber das Glück zugenommen. Damit mehr Menschen sinnvollen Tätigkeiten nachgehen können, wird mit großem Eifer an neuen Arbeitsformen getüftelt.

Bei einem Thema sind sich alle Parteien einig: Die Politik muss für Wirtschaftswachstum sorgen – schließlich hängen viele Arbeitsplätze davon ab. Auch für die Mehrheit der Wählerschaft hat dieses Thema hohe Priorität; die meisten sind auf ihre Erwerbstätigkeit angewiesen, um die Miete bezahlen und ihren Kühlschrank füllen zu können. Doch es ist gerade das Wachstumsparadigma, das die Jobsicherheit bedroht. In der gegenwärtigen Ökonomie sind Betriebe gezwungen, ihre Produktivität laufend zu erhöhen. Dafür können sie entweder auf Expansion setzen und andere Unternehmen vom Markt verdrängen oder die Arbeit verdichten und Beschäftigte wegrationalisieren. So nehmen Stress und Burnout zu. Zugleich verlieren Menschen ihre Jobs – wenn nicht hier, dann anderswo: Deutschlands Position als Exportweltmeister und die hohen Arbeitslosenraten in Südeuropa stehen in engem Zusammenhang.

Was aber ist der Sinn von Wirtschaft? Der Kapitalismus ordnet alles dem Ziel unter, aus Geld mehr Geld zu machen. Auch die Arbeit steht unter diesem Primat. Die Wünsche von Beschäftigten und Kund(inn)en sind dagegen bestenfalls Mittel zum Zweck. Dabei sind sinnvolle Tätigkeiten ein zutiefst menschliches Bedürfnis. Die internationale Glücksforschung hat herausgefunden, dass die Zufriedenheit überall auf der Welt von ähnlichen Faktoren abhängt: gute menschliche Beziehungen, sinnvolle Tätigkeiten, Kooperation mit anderen, Selbst- und Mitbestimmungsmöglichkeiten sowie eine intakte Natur. (1) Das alles aber hat in der heutigen, auf Profitstreben und Konkurrenz basierenden Wirtschaft keinen Wert. Im Gegenteil. In den vergangenen Jahrzehnten ist zwar die Wirtschaftsleistung weltweit gewachsen, nicht aber das Glück. In vielen reichen Ländern sind die Menschen heute sogar deutlich unzufriedener als vor einigen Jahrzehnten.

Das Richtige fördern

Die Fokussierung auf eine Steigerung des Bruttoinlandsprodukts ist ein politischer Irrweg. Wohlstand muss neu definiert, Arbeit an anderen Zielen ausgerichtet werden. Weltweit haben Menschen schon längst angefangen, die Dinge des Alltags wieder selbst in die Hand zu nehmen. Sie wollen überschauen und verantworten können, was sie tun. Sie möchten wissen, woher das Essen und die Energie stammen, die sie konsumieren, und nicht auf Kosten anderer Menschen oder der Natur leben. Diese Projekte und Unternehmen sind vielfältig und oft regional ausgerichtet. Kooperation, Teilen, Spaß und Selbstbestimmung spielen zentrale Rollen. Hier geht es nicht um die Suche nach Lösungen für die ganze Welt, sondern um die Befriedigung der Bedürfnisse von Menschen in der Umgebung oder aus der eigenen Community (vgl. S. 39 ff.). Aufwändige Werbekampagnen sind deshalb überflüssig. Vielfach vermischen sich auch die Rollen von Konsument(inn)en und Produzierenden, sodass die Beteiligten ihren Bedarf ohne hohen Geldeinsatz decken können.

politische ökologie

1997

1997

1998

2002

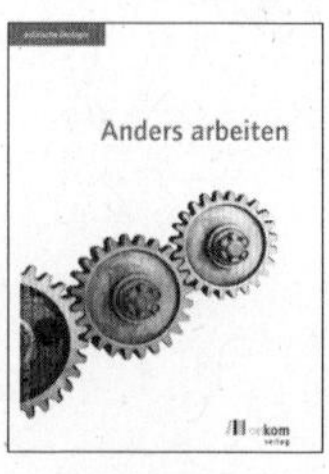

2011

Damit solche Ansätze stärker ins Zentrum der Entwicklung rücken, braucht es politischen Rückhalt. Zum einen muss das Steuersystem grundlegend reformiert werden: Statt die Anschaffung von Maschinen und einen hohen Energieverbrauch fiskalisch zu belohnen, sollten gute Arbeit, geringer Ressourcenverbrauch, Null-Emissionen und gesunde Produkte gefördert werden (vgl. S. 119 ff.). Die Fixierung auf Exportüberschüsse und Freihandelsabkommen gilt es zu ersetzen durch eine Stärkung regionaler Wirtschaftskreisläufe und der Nahversorgung. Transporte müssen deshalb erheblich teurer werden. Außerdem sind Sorgearbeit, Bildung und Kultur aus den Fesseln der Geldlogik zu befreien.

Der wichtigste gesellschaftspolitische Faktor für ein Umsteuern ist aber wahrscheinlich die Frage der sozialen Absicherung. Nur wenn Menschen darauf vertrauen, nicht in Armut zu fallen, werden sie bereit sein, belastende und schlecht bezahlte Jobs aufzugeben. Ein garantiertes Grundeinkommen könnte den Motor der Wachstumswirtschaftsmaschine ins Stottern bringen (vgl. S. 106). Zugleich hätten immer mehr Menschen die Chance zu erleben, wie sich selbstbestimmte und sinnvolle Arbeit anfühlt.

Anmerkung

(1) Jensen, Annette/Scheub, Ute (2014): Glücksökonomie. Wer teilt, hat mehr vom Leben. München.

Was schätzen Sie an der *politischen ökologie?*

Auch bei thematischen Evergreens erfahre ich in der *politischen ökologie* immer neue Aspekte und Perspektiven.

Zur Autorin

Annette Jensen, geb. 1962, hat in der taz das Ressort Wirtschaft und Umwelt mitgegründet und arbeitet heute als freie Journalistin und Publizistin zu Themen der ökologischen, sozialen und ökonomischen Nachhaltigkeit.

Kontakt

Annette Jensen

E-Mail annette.jensen@t-online.de

Urocal – Fairer Handel in Ecuador

Die ecuadorianische Kooperative Urocal wurde 1973 gegründet, um die Position der kleinbäuerlichen Produzent(inn)en durch die gemeinschaftliche Vermarktung ihrer Erzeugnisse zu stärken und das Einkommen ihrer Mitglieder zu verbessern. (1) Die hauptsächlich exportierten Produkte sind Zucker, Reis, Kakao und vor allem Bananen, die meist noch von Kleinbäuerinnen und Kleinbauern angebaut werden. In den Regionen, in denen sie leben, ist das Problem nicht nur die Armut der Landbevölkerung. Es gibt überdurchschnittlich viele HIV-Infektionen, die Gesundheitsversorgung ist schlecht. Schwankende Weltmarktpreise und klimatische Veränderungen erschweren eine langfristige Planung. Durch den Klimawandel ist das Wetter unvorhersehbar geworden, Pflanzenkrankheiten breiten sich aus. All das bedroht die Ernten.

Vor mehreren Jahren startete das evangelische Hilfswerk Brot für die Welt ein Projekt mit Urocal, um die kleinbäuerliche Landwirtschaft und den fairen Handel zu stärken. Zu den Maßnahmen gehörte beispielsweise das Programm „Von Bauer zu Bauer": Mitglieder der Kooperativen wurden in agrarökologischen Methoden geschult und gaben ihr Wissen anschließend in ihren Gemeinschaften weiter. Das hat auch das Selbstbewusstsein von Bäuerinnen und Bauern und die Erfahrung der Selbstwirksamkeit enorm gestärkt. Insgesamt haben etwa 750 Kleinbauernfamilien teilgenommen. Durch die schrittweise Umstellung auf ökologischen Anbau und die Weiterverarbeitung der Produkte wurden zusätzliche Einkommensmöglichkeiten geschaffen. Einer der wichtigsten Handelspartner ist die deutsche Organisation BanaFair. Durch die Fair-Handels-Prämien gelang es unter anderem die medizinische Versorgung in der Region erheblich zu verbessern und die Umstellung auf ökologischen Anbau voranzutreiben. Heute steht Urocal wirtschaftlich auf eigenen Beinen. Für den Geschäftsführer Joaquín Vásquez sind die politischen Beweggründe nach wie vor zentral: „Wenn wir diese Werte nicht mehr vertreten würden – die da sind Freiheit, Gerechtigkeit, Demokratie und auch das Wohl des Menschen –, dann wären wir schon verschwunden". *(Cornelia Füllkrug-Weitzel)*

Anmerkung

(1) www.banafair.de/handelspartner.html

Fairer Handel

Aus der Nische in den Mainstream

Von Cornelia Füllkrug-Weitzel

Seit fast 50 Jahren trägt fairer Handel dazu bei, dass Menschen in Würde leben können und Gemeinschaften gestärkt werden. So funktioniert die Große Transformation im Kleinen.

Früher war Solidarität häufig eine bittere Angelegenheit. Wer in den Anfangszeiten der Fair-Handels-Bewegung in den 1970er-Jahren eine Tasse Sandino Dröhnung getrunken hat, wird dem zustimmen. Wer sich erinnert, weiß aber auch: Als um 1970 die damals noch kleine Bewegung entstand, waren die Motivation der Engagierten bereits groß und die Ziele ambitioniert. Die vom Prinzip des solidarischen Handels Überzeugten verkauften in Weltläden, in Kirchencafés und an Aktionsständen Waren aus kleinbäuerlicher Produktion. Der faire Kaffee war der Aufhänger für politische Überzeugungsarbeit: Nur wenn auch bei uns politische Zugeständnisse gemacht würden, könnten sich die Länder der sogenannten Dritten Welt aus der Armutsfalle befreien. Keine Almosen, sondern echte Gerechtigkeit, das war das Ziel.

Während heute hierzulande die neue Landlust umgeht, immer mehr Menschen durch Urban Gardening oder Gemeinschaftsgärten wieder selbst säen und ernten (vgl. S. 47 ff.), ist die kleinbäuerliche Landwirtschaft anderswo auf der Welt seit jeher Existenzgrundlage. Wenn einerseits die wachsende Weltbevölkerung zukünftig gerecht versorgt und andererseits die Belastungsgrenzen unseres Planeten nicht überschritten werden sollen, führt kaum ein Weg an einer ökologischen, kleinbäuerlichen Landwirtschaft vorbei (vgl. S. 85 ff.). Dazu kommt: Wer das, was er isst, zu einem großen Teil selber anbauen und zugleich einen Teil seiner Produkte vermarkten und verkaufen kann, ist besser aufgestellt für ein Leben in Würde, ohne Hunger und ohne ständige Existenzsorgen (vgl. S. 39 ff.). Doch für die Kleinproduzent(inn)en zählt natürlich vor allem, ob von dem Verdienst die Familie satt wird und die Kinder in die Schule geschickt werden können. Das hat der faire Handel seit Beginn der Bewegung geschafft: Durch Vorfinanzierung und stabile, über einer Mindestgrenze liegende Preise ist er finanziell attraktiv. Durch langfristige Handelsbeziehungen, zusätzliche Prämien für Gemeinschaftsprojekte und die Förderung von Mitbestimmung und Geschlechtergerechtigkeit trägt er dazu bei, dass Menschen in Würde leben können und Gemeinschaften gestärkt werden. Weitere Prämien für Bio-Produkte und Weiterbildungen fördern den Schutz der Umwelt und die Anpassung an den Klimawandel.

Solidarität ohne bitteren Nachgeschmack

Brot für die Welt hat die Fair-Handels-Bewegung in Deutschland von Anfang an begleitet und ist Gesellschafter von GEPA, des größten europäischen Importeurs fair gehandelter Produkte, wie auch Mitträger von Transfair e.V. Die Pioniere des fairen Handels haben nicht nur ein solidarisches Wirtschaften initiiert, sondern Themen wie Agrarökologie, Gerechtigkeit und Nachhaltigkeit bei den Erzeugergenossenschaften und auf politischer Ebene in den Produktionsländern in die Diskussion gebracht. Sie verfolgen damit auch heute noch zentrale Ziele, mit denen die Fair-Handels-Bewegung vor fast 50 Jahren begonnen hat. Wenn wir unsere Welt gerecht und nachhaltig gestalten wollen, ist es unumgänglich, dass der globale

2004

2012

2013

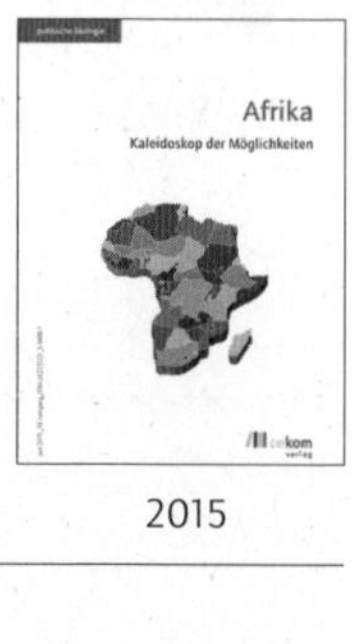

2015

Warenverkehr von sozialen und ökologischen Kriterien flankiert wird. Der faire Handel zeigt, dass Strukturen nicht in Stein gemeißelt sind, dass die Große Transformation im Kleinen gelingen kann, und dass der Schutz der strukturell Benachteiligten und die Rücksicht auf die planetarischen Grenzen über den Gesetzen des Marktes stehen muss.

Das wirkt auch bei uns: Mit der wachsenden Beliebtheit des fairen Handels steigt der Druck auf Politik und Unternehmen, sich für sozial und ökologisch nachhaltige Lieferbedingungen einzusetzen. 2015 wurden in Deutschland 1,14 Milliarden Euro für fair gehandelte Produkte ausgegeben – eine Steigerung von elf Prozent gegenüber dem Vorjahr und eine Verdreifachung im Vergleich zu 2010. Fairer Handel ist immer noch ein politisches Projekt, aber dabei längst von der Nische in den Mainstream gewandert. Dafür hat neben der Pionierarbeit der Bewegung und vielen beharrlich solidarischen Konsument(inn)en nicht zuletzt auch die gesteigerte Qualität der Produkte gesorgt. Wer heute einen fairen Kaffee genießt, muss für seine Solidarität keinen bitteren Nachgeschmack mehr in Kauf nehmen.

Was schätzen Sie an der *politischen ökologie?*
Sie bleibt nicht bei der Analyse und der Kritik stehen, sondern öffnet den Horizont für innovative Lösungen.

Zur Autorin
Cornelia Füllkrug-Weitzel, geb. 1955, studierte Evangelische Theologie, Politik- und Erziehungswissenschaft. Seit 2000 leitet sie die evangelischen Hilfswerke Brot für die Welt und die Diakonie Katastrophenhilfe. Seit 2012 ist die ordinierte Pfarrerin Präsidentin beider Werke.

Kontakt
Dr. h.c. Cornelia Füllkrug-Weitzel
E-Mail info@brot-fuer-die-welt.de

Ökosteuergesetz in Vietnam

Vor dem Hintergrund eines starken Wirtschaftswachstums – und damit einhergehenden gravierenden Umweltproblemen – kündigte der damalige Premierminister Vietnams, Nguyen Tan Dung, bereits im Jahr 2004 ein Ökosteuergesetz für 2012 an. Unterstützung kam von der deutschen Gesellschaft für Internationale Zusammenarbeit (GIZ), die zu dem Zeitpunkt bereits über 15 Jahre mit dem vietnamesischen Finanzministerium zusammengearbeitet hatte. Ich wurde gebeten, den Gesetzesentwurf bei der Konzeption, Konsensfindung und Einführung zu begleiten. Zahlreiche Gespräche und Workshops fanden statt, um die Meinung verschiedener Beteiligter einzuholen und Vorschläge für die Ausgestaltung eines Ökosteuergesetzes zu diskutieren. Unter der Federführung des vietnamesischen Finanzministeriums wurden Studienreisen zu Vorreiterstaaten für Ökosteuern wie Schweden, Dänemark und Deutschland, aber auch zur Organisation für wirtschaftliche und kulturelle Zusammenarbeit (OECD) in Paris unternommen.
Zum 1. Januar 2012 hat das vietnamesische Nationalparlament das Ökosteuergesetz schließlich in Kraft gesetzt – mit einer überdurchschnittlichen Zustimmung von 98,7 Prozent, die auch in einem kommunistischen Einparteienstaat ungewöhnlich ist und die breite Akzeptanz ausdrückt.
Mit dem Ökosteuergesetz wurden Energiesteuern – auch auf den inländischen Flug- und Schiffsverkehr! –, Pestizidsteuern und Steuern auf Plastiktüten eingeführt, ohne jeweilige Ausnahmen für die Industrie, dafür jedoch auf niedrigem Niveau. (1) Auf die erste Stufe der Ökosteuer folgten erst im Jahr 2015 Steuererhöhungen. Aus fiskalischen und ökologischen Gründen, aber auch weil die vietnamesische Regierung das Konzept einer sogenannten Green Economy verfolgt, sind jedoch noch höhere und inflationsindexierte Steuersätze dringend erforderlich. Dennoch ist Vietnam als erster asiatischer Staat, der eine solch umfassende Ökobesteuerung vorweisen kann, ein Vorbild. *(Kai Schlegelmilch)*

Anmerkung
(1) www.greenfiscalpolicy.org/wp-content/uploads/2014/08/GIZ_2010_Eco_Tax_ImpactAssessment_Vietnam_FAQ.pdf

Ökologische Finanzreform

Grün steuern

Von Kai Schlegelmilch

Mithilfe finanzpolitischer Instrumente – zum Beispiel Steuern auf Energieverbrauch, die Verwendung von Plastiktüten und weitere naturschädigende Praktiken – ist es möglich, Umweltprobleme wirksam und langfristig zu reduzieren.

Zahlreiche Umweltunfälle, umgekippte Seen und Flüsse, schlechte Trinkwasserqualität, aber auch die mit dem hohen Wirtschaftswachstum einhergehende zunehmende Umweltbelastung (insbesondere durch den Verkehr und die fossile Energieversorgung) verschlechtern weltweit die Lebensqualität. Um gegenzusteuern, braucht es eine grundlegende Neuorientierung der Umwelt- und Finanzpolitik. Dass vorausschauende Politiker(innen) dafür einen Impuls setzen können, zeigt das 2012 in Kraft getretene Ökosteuergesetz in Vietnam (vgl. S. 118).

Mittlerweile hat sich die Erkenntnis durchgesetzt, dass das bestehende finanzpolitische Instrumentarium, um Verbraucher(innen) und Umwelt zu schützen, überwiegend aus Ordnungsrecht mit großen Vollzugsdefiziten besteht und Anreize zur Einhaltung und Übererfüllung von Regularien und Innovation fehlen. Das Ökosteuergesetz aus Vietnam trägt der Einsicht Rechnung, dass ein ausgewogener Instrumentenmix erforderlich ist, um die Umweltprobleme zu reduzieren. Das Beispiel verdeutlicht, dass marktbasierte Instrumente, die das Eigeninteresse der Menschen anregen, sehr wichtige Ergänzungen zum Ordnungsrecht sind und daher verstärkt eingesetzt werden sollten. Das ist umso bemerkenswerter, als in Vietnam eine kommunistische Wirtschaftspolitik verfolgt wird.

„Damit die Ökologische Steuerreform zu einem gesellschaftlich akzeptierten Trend wird, bedarf es einer breiten Unterstützung von verschiedenen Akteuren."

Damit der Ansatz einer Ökologischen Steuerreform zu einem gesellschaftlich weitgehend akzeptierten Trend wird, bedarf es einer breiten Unterstützung von verschiedenen Akteuren. (1)
Erstens muss die Zivilgesellschaft das Vorhaben unterstützen - meist ist sie sogar die treibende Kraft hinter einem solchen Projekt, da sich Umweltprobleme mit den bestehenden überwiegend ordnungsrechtlichen Instrumenten häufig nicht angemessen reduzieren lassen. In Vietnam jedoch gibt es praktisch keine Zivilgesellschaft, zumindest nicht im westlichen Sinne, und auch keine Umweltorganisationen. Dort waren es Umweltwissenschaftler(innen) und Umweltökonom(inn)en, die sich kritisch mit dem Entwurf zu einem Ökosteuergesetz auseinandergesetzt haben.

Vermeintliche Verlierer ins Boot holen

Zweitens ist die Unterstützung seitens der Unternehmen, zumindest der potenziellen ökonomischen Gewinner(innen) einer Ökologischen Steuerreform, zentral. Denn die Verlierer(innen) - oder diejenigen, die sich als solche wahrnehmen - drücken ihren Widerstand oft sehr deutlich in der Öffentlichkeit aus. Mit ihnen kann man derartige Projekte nur durchsetzen, wenn man ihnen einerseits Perspektiven auf-

1995

1998

2002

zeigt, wie sie sich entsprechend verändern können, um auch profitieren zu können, und ihnen andererseits zeitlich begrenzte Zugeständnisse macht – zum Beispiel in Form ermäßigter Steuersätze.

An vorderster Stelle aber braucht es mutige und vorausschauende Politiker(innen), die die langfristigen Vorteile einer Ökologischen Finanzreform erkennen und bereit sind, sie auch gegen starke Widerstände durchzusetzen. Hierfür ist natürlich wesentlich, dass die Zivilgesellschaft und insbesondere Teile der Wirtschaft eine Finanzreform unterstützen. Politiker(innen) richten sich schließlich häufig nach den Interessen der Wirtschaft und letztlich sind es meist Unternehmen, die Innovationen vorantreiben und so durch neue, nachhaltige Arbeitsplätze wirtschaftliche Perspektiven schaffen. Dabei ist es immer die Aufgabe der Politik, den Strukturwandel so zu lenken, dass niemand zurückbleibt und die Gesellschaft nicht überfordert wird. Dieses Ziel ist in sozialen Marktwirtschaften sehr wichtig, in kommunistischen Systemen wie in Vietnam jedoch absolut unverzichtbar.

Anmerkung

(1) Die Initiative Nachhaltige Finanzreform bietet dazu in Deutschland eine entsprechende Plattform: www.nachhaltige-finanzreform.de

Was schätzen Sie an der *politischen ökologie?*

Sie ist Inspiratorin, beharrliche Wegbegleiterin und Plattform der ökologischen Nachhaltigkeitsszene.

Zum Autor

Kai Schlegelmilch, geb. 1965, hat den Beitrag in seiner ehrenamtlichen Funktion als Vorsitzender und Mitgründer des Forums Ökologisch-Soziale Marktwirtschaft (FÖS) verfasst. Er ist im Bundesamt für Naturschutz (BfN) tätig.

Kontakt

Kai Schlegelmilch

E-Mail kai.schlegelmilch@foes.de

Ethische Banken – Wissen, was das Geld tut

Ein Leben ohne Bankkonto ist heute in unseren Breitengraden praktisch nicht mehr möglich. Die großen Banken sind zuverlässige Garanten für Skandale durch fragwürdige Investitionen und Lobbyismus. Wer sein/ihr Erspartes auf einem Konto solcher Banken angelegt hat, kann nicht ausschließen, dass damit Kriege finanziert sowie Umweltzerstörung und soziale Ungerechtigkeit gefördert werden; ein unangenehmer Gedanke. Doch auch im Bankgeschäft gibt es längst eine Alternative: die sogenannten ethischen oder grünen Banken. Sie legen die Gelder ihrer Kund(inn)en in sozialen, ethischen und ökologischen Projekten an und unterstützen damit gerade nicht Rüstungsgeschäfte oder Atompolitik, menschenverachtende oder umweltschädliche Projekte. In Deutschland sind Ethikbank, GLS Bank, Umweltbank und Triodos Bank die vier größten Institute dieser Art.

Ethisch motivierte Banken unterscheiden sich von den konventionellen vor allem dadurch, dass die Gewinnmaximierung für sie nicht an erster Stelle steht, sondern sich sozialen, ökologischen und ethischen Zielen unterordnen muss; das gilt sowohl hinsichtlich der Verwendung der Einlagen als auch für Bereiche wie die Bezahlung von Mitarbeiter(inne)n sowie für die Umweltbilanz der Institute selbst. Damit sichergestellt werden kann, dass das Vermögen der Kund(inn)en auch tatsächlich ethisch einwandfreien Zwecken zugeführt wird, spielt Transparenz eine große Rolle. Durch öffentlich einsehbare Aufstellungen über alle Investitionen am Kapitalmarkt und alle vergebenen Kredite kann jede(r) genau überprüfen, wohin das eigene Geld fließt; so lässt sich auch kontrollieren, ob die Banken sich an die selbst auferlegten Anlagekriterien halten.

Die GLS Bank, 1974 als weltweit erste ethische Bank gegründet, hatte im Dezember 2016 fast 211.000 Kund(inn)en und mehr als 46.000 Mitglieder. (1) Seit der Finanzkrise von 2008 dürfen sich alle ethischen Banken über regen Zulauf freuen. So steigerte beispielsweise die Triodos Bank ihr Geschäftsvolumen von 10,6 Milliarden Euro im Jahr 2013 auf 13,5 Milliarden in 2016. (2) Das liegt vor allem daran, dass das Konzept der ethischen Banken zunehmend bekannter wird und viele Menschen gern die Möglichkeit nutzen, durch das Anlegen des eigenen Geldes Gutes zu tun und dafür auch noch Zinsen zu bekommen. *(dw)*

Anmerkungen

(1) www.gls.de

(2) www.triodos.de

Zukunftsfähige Finanzwirtschaft

Ins Morgen investieren

Von Tim Jackson

Das Zeitalter der Verantwortungslosigkeit geht zu Ende: Immer mehr Akteure arbeiten an einem Finanzsystem, das in unsere gemeinsame Zukunft investiert statt in die Zerstörung des Planeten.

Mit dem Sparen und Investieren tritt ein grundlegend vernünftiger Teil des menschlichen Wesens zutage. Beides verkörpert unseren Einsatz für eine gemeinsame Zukunft. Worin wir investieren, spricht Bände darüber, wer wir sind, verrät etwas über unsere Klugheit, unser Moralempfinden, unsere Erwartungen für die Zukunft und unser Verantwortungsgefühl für Mensch und Umwelt.

Verantwortungsgefühl ist etwas, das in den Jahren vor der Finanzkrise ganz offensichtlich gefehlt hat. Politische Entscheidungsträger(innen) und Investor(inn)en ignorierten zur Gänze die Instabilität, die in den Finanzmärkten wegen nachlässiger Regulierungen und rücksichtslosen Geschäftsgebarens immer weiter zugenommen hat. Im Nachhinein war das Problem unübersehbar: Anstatt die Realwirtschaft zu finanzieren, war die Finanzwirtschaft damit beschäftigt sich selbst zu finanzieren. Spekulationen hatten zu einer Art Casino-Wirtschaft geführt. Wir wetteten buchstäblich darauf, dass die Zukunft keine wirkliche Rolle spielt. Das „Zeitalter der Verantwortungslosigkeit" nannte es der frühere britische Premierminister Gordon Brown einmal treffend. Früher oder später musste das System kollabieren, und ohne die Zahlungskraft (und die Verzweiflung) der mit Steuergeldern gefüllten Staatssäckel hätte ein Zusammenbruch des Systems der Gesellschaft nicht wieder gut zu machenden Schaden zugefügt.

Es mag vielleicht so ausgesehen haben als hätte sich nur eine Finanzkrise abgespielt, doch die Dimension unserer Verantwortungslosigkeit war atemberaubend. Hinter dieser heute wohlbekannten Geschichte von Spekulation und Hyper-Finanzialisierung liegt eine systematische Verzerrung der Investitionslandschaft, eine Verantwortungslosigkeit gegenüber unseren Mitmenschen und dem Planeten. Viel zu lange wurden sogar ertragreiche Investitionen in die reale Wirtschaft von der Abhängigkeit von der Rohstoffindustrie, von verschwenderischer Produktion und maßlosem Konsum dominiert – Kapital, das schlussendlich entweder Umwelt und Gesellschaft zerstören oder aber zu sogenanntem gestrandetem Vermögen (Stranded Assets) wird. Darunter versteht man Vermögen, das infolge eines Wertverfalls von auf fossilen Energien basierenden Industrien ebenfalls an Wert verliert.

Geld soll fürs Gemeinwohl arbeiten

In den vergangenen Jahren hat die Bedrohung, dass Vermögen stranden könnte, einen weit verbreiteten, wenngleich auch teilweise unberechenbaren Druck entstehen lassen, Investitionen von der fossilen Brennstoffindustrie abzuziehen (Divestment), diese Unternehmen für den Schaden, den sie verursachen, verantwortlich zu machen und eine ethische Rechenschaftspflicht für Anlageverwalter(innen) einzuführen. Aktionäre und Fondsmanager(innen) beginnen nun damit, ihre Macht auszuüben, indem sie Unternehmen ablehnen, die die Umwelt schädigen, die Arbeitnehmer(innen) entlang der Lieferketten ausbeuten oder sich verantwortungsvoller Führung entziehen. Ethische und nachhaltige Fonds fordern immer häufiger, dass unser Geld, kurz gesagt, für das Gemeinwohl arbeiten sollte. Ethische Banken

1998 2000 2010 2013

wie Triodos, GLS oder die Ethik Bank zeigen, dass ein anderes Finanzsystem möglich ist: eines, das in unsere gemeinsame Zukunft investiert statt in die Zerstörung des Planeten (vgl. S. 122). Dass diese neueren, nach ethischen Kriterien zusammengestellten Fonds sogar im Vergleich zu üblichen Maßstäben, den sogenannten Benchmarks, gute Gewinne abwerfen, widerspricht zwar der herkömmlichen Vorstellung, aber ein echtes Rätsel ist es nicht. Der Wert von heutigen Investitionen liegt in der Widerstandsfähigkeit der Wirtschaft von morgen. Und es wird immer deutlicher, dass die Zukunft sich grundlegend von der bankrotten Finanzarchitektur der Vergangenheit unterscheiden wird. Die Tage der Privatisierung von Gewinnen und dem Abwälzen von Verlusten auf die Gesellschaft sind gezählt.
Die Wirtschaft von morgen wird auf ressourceneffizienten Lieferketten und kohlenstoffarmer Infrastruktur basieren, auf fairen Löhnen und transparenter Regierungsführung, auf dem Schutz und der Wiederherstellung von ökologischen und sozialen Werten statt auf deren systematischer Zerstörung sowie auf Unternehmen im Dienste der Gesellschaft und im Einklang mit der Natur. Die Pioniere in dieser neuen Investitionslandschaft werden – zu Recht – von ihren vielfachen Dividenden profitieren – ebenso wie der Rest der Gesellschaft.

(Übersetzung aus dem Englischen: Daniel Weber)

Was schätzen Sie an der *politischen ökologie?*
Dass sie die fundamentale Verzahnung von politischer Ökologie und ökologischer Politik konsequent anerkennt.

Zum Autor
Tim Jackson, geb. 1957, ist Professor für nachhaltige Entwicklung am Centre for Environment and Sustainability der University of Surrey und Autor von „Wohlstand ohne Wachstum – das Update. Grundlagen für eine zukunftsfähige Wirtschaft", das 2017 beim oekom verlag erschienen ist.

Kontakt
Prof. Dr. Tim Jackson
E-Mail t.jackson@surrey.ac.uk

Reallabore in Baden-Württemberg

Eine Vorreiterrolle bei innovativen Forschungsvorhaben möchte das Bundesland Baden-Württemberg einnehmen. Deshalb fördert das Ministerium für Wissenschaft, Forschung und Kunst seit Januar 2015 insgesamt 14 sogenannte Reallabore und stellt dafür rund 15 Millionen Euro zur Verfügung. (1) Reallabore beschreibt der Wissenschaftliche Beirat Globale Umweltveränderungen als „wissenschaftlich konstruierte Räume einer kollaborativen Nachhaltigkeitsforschung mit Interventionscharakter" (2). Sie zeichnen sich dadurch aus, dass sich die wissenschaftliche Forschung in die Öffentlichkeit begibt und zusammen mit Kommunen und Bürger(inne)n Veränderungsprozesse anstößt.
Zu den von einer Kommission ausgewählten Programmen gehört etwa der im Januar 2014 eingerichtete Nationalpark Nordschwarzwald. Die Universität Freiburg und die Hochschule für Forstwirtschaft Rottenburg möchten hier gemeinsam mit Akteuren aus Wirtschaft und Zivilgesellschaft untersuchen, wie sich die Gründung des Nationalparks auf die gesamten Nachhaltigkeitsstrukturen der Region Nordschwarzwald auswirkt. Hierfür befasst man sich sowohl mit Tourismus und Infrastruktur als auch mit Fragen des Naturschutzes und der Waldentwicklung und kann im Idealfall positive Handlungsmöglichkeiten für die Zukunft ableiten.
Ein anderes Beispiel ist das Reallabor *Space Sharing*, das die Staatliche Akademie der Bildenden Künste Stuttgart betreut. Hier geht es darum, zusammen mit Kooperationspartnern und Bürger(inne)n zu erforschen, wie die Nutzung von Gebäuden in urbanen Zentren über die Anwendung von Mehrfachbelegungen eine höhere Effizienz erreichen kann. *(ks)*

Anmerkungen

(1) mwk.baden-wuerttemberg.de (Forschung / Forschungspolitik / Wissenschaft für Nachhaltigkeit / Reallabore)
(2) Wissenschaftlicher Beirat Globale Umweltveränderungen (2016): Der Umzug der Menschheit - Die transformative Kraft der Städte. Berlin, S. 542.

Transformationsforschung

Im Labor der Wandlungsmutigen

Von Mandy Singer-Brodowski und Uwe Schneidewind

Transformative Forschung mischt sich in gesellschaftliche Kontexte ein, etwa indem sie Stadtentwicklungsprozesse begleitet. Ihr Ziel: eine Kultur des Ausprobierens und Reflektierens zu befördern.

Mit den neuen Ansätzen transformativer Forschung, für die Reallabore beispielhaft stehen, wird eine Debatte (wieder-)belebt, die das grundsätzliche Verhältnis von Wissenschaft und Gesellschaft in den Mittelpunkt rückt. Forschung beschränkt sich nicht auf die Rolle einer neutralen Beobachterin von (Nachhaltigkeits-)Herausforderungen, sondern versteht sich als verantwortliche Partnerin in gesellschaftlichen Lern- und Transformationsprozessen. Transformative Forschung interveniert in gesellschaftliche Kontexte und mischt sich mit dem Ziel, die Nachhaltigkeit zu befördern, aktiv ein – auch um dadurch Transformationsprozesse besser verstehen zu können. Aufgrund des Interventionscharakters muss transformative Forschung ihre normativen Grundlagen explizit und anfechtbar machen.

Die Interventionen in transformativen Forschungsansätzen zielen darauf, Möglichkeitshorizonte sowie Kommunikations- und Reflexionsräume zu eröffnen. Das methodische Spektrum dieser Interventionen reicht daher von Beratungsprozessen über die Gestaltung von Workshops und die Begleitung von Stadtentwicklungsprozessen bis hin zum Mitwirken in umfassenden sektoralen oder regionalen Veränderungsprozessen, wie zum Beispiel im Reallabor Nordschwarzwald (vgl. S. 126). Die Reallabore zeigen damit exemplarisch, wie dieser neue Modus von transformativer Forschung gestaltet sein kann, in dem das Verhältnis von Wissenschaft und Gesellschaft weiterentwickelt wird.

Der Modus des Experimentierens in Reallaboren befördert eine grundsätzliche Kultur des Ausprobierens, die sensibel für den Kontext ist und keine einfach übertragbaren Patentlösungen verspricht. Darüber hinaus macht eine solche Kultur des Experimentierens Mut, technologische und soziale Innovationen zu entwickeln, die quer zu herkömmlichen Lösungsansätzen liegen. Die Große Transformation lebt von derartigen Kooperationsformen und -praktiken.

Bei dem progressiven Verständnis von Forschung, wie es durch Reallabore verkörpert wird, steigt zudem die Reflexivität, mit der die beteiligten Akteure ihre Kooperationen gestalten. Hier treffen nicht nur unterschiedliche Rollen- und Professionsverständnisse aufeinander, sondern auch verschiedene Wissenskulturen. Im Modus der Koproduktion von Wissen in Reallaboren lernen Wissenschaftler(innen) und Praktiker(innen), mit ihren unterschiedlichen Sichtweisen auf die von ihnen wahrgenommene technologische, ökonomische, soziale und kulturelle Realität konstruktiv umzugehen. Damit werden auch wichtige Kompetenzen für den Umgang mit Ambiguität und Zielkonflikten in der Großen Transformation geschult.

Politik, Wirtschaft und Zivilgesellschaft einbeziehen

Mit der breiten Förderung der Reallabore in Baden-Württemberg hat die Politik bereits wichtige Schritte unternommen: Das baden-württembergische Programm hat entscheidend dazu beigetragen, dass die Idee der Reallabore heute in viele weitere Forschungsförderprogramme auf Länder- und Bundesebene eingegangen ist. Im nächsten Schritt muss es darum gehen, die vielen entstehenden Reallabore eng miteinander zu vernetzen und Lernprozesse (etwa über entsprechende Begleit-

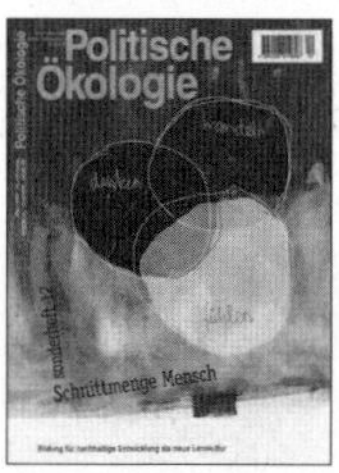

2000

2005

2013

2015

forschung) über die Reallabore hinweg zu organisieren. In seinem Urbanisierungsgutachten hat der Wissenschaftliche Beirat Globale Umweltveränderungen die Forderung nach „50 globalen urbanen Reallaboren auf 50 Jahre" geprägt. (1) Damit macht er mehrerlei Herausforderungen für ein Mainstreaming von Reallaboren deutlich: Erstens gilt es, Reallabore übergreifende Lernprozesse nicht nur national, sondern auch international zu organisieren. Zweitens sollten neben einzelnen Quartieren auch ganze (Groß-)Städte im internationalen Kontext zu wissenschaftlich begleitenden Laboren ausgebaut werden. Und drittens sollten die entsprechenden Strukturen nicht nur auf die übliche Projektlaufzeit von drei bis fünf Jahren ausgerichtet sein, sondern als langfristige Forschungsinfrastrukturen verstanden werden. All dies wird nur gelingen, wenn Politik, Wirtschaft und Zivilgesellschaft früh und konsequent in das Design solcher urbaner Reallabore einbezogen werden.

Anmerkung

(1) Wissenschaftlicher Beirat Globale Umweltveränderungen (2016): Der Umzug der Menschheit: Die transformative Kraft der Städte. Berlin, S. 483.

a)

b)

Was schätzen Sie an der *politischen ökologie?*

a) Die pö stärkt eine unkonventionelle, ehrliche und inspirierende Wissenschaftskommunikation.

b) Das in jeder Hinsicht kluge Format.

Zur Autorin, zum Autor

a) Mandy Singer-Brodowski, geb. 1985, Erziehungswissenschaftlerin, ist seit 2016 wiss. Mitarbeiterin am Institut Futur der FU Berlin. Davor war sie u.a. Referentin im Präsidialbereich des Wuppertal Instituts für Klima, Umwelt, Energie.

b) Uwe Schneidewind, geb. 1966, ist Präsident des Wuppertal Instituts für Klima, Umwelt, Energie.

Kontakt

Dr. Mandy Singer-Brodowski,
Prof. Dr. Uwe Schneidewind
E-Mail s-brodowski@institutfutur.de,
schneidewind@wupperinst.org

Fair Cap – Sauberes Wasser für die Menschheit

Was in unseren Breitengraden selbstverständlich ist, gilt in anderen Teilen der Erde als Luxus: sauberes Trinkwasser. Hier sprudelt es glasklar aus der Leitung, während andernorts viele Menschen verschmutzte Quellen und Brunnen nutzen und dadurch die eigene Gesundheit aufs Spiel setzen müssen. Verschiedene Projekte weltweit versuchen das zu ändern, eines davon ist *Fair Cap*. (1) Dessen Gründer Mauricio Cordova wünscht sich ein für jede(n) erschwingliches Werkzeug, das auch verschmutztes Wasser auf einfache Weise und mit geringem finanziellen Aufwand zu Trinkwasser machen kann – idealerweise sollte es nur einen US-Dollar kosten. Dieses Ziel will er mit der *Fair Cap* erreichen, einem Filteraufsatz, der auf handelsübliche Flaschen passt (vgl. Abb.).

Anfangs stellten sich ihm zwei Hauptprobleme: Bisher verfügbare Wasserfilter waren zu groß und vor allem viel zu teuer, als dass Menschen in armen Regionen mit schlechtem Zugang zu Trinkwasser sie sich hätten leisten können. Um verschmutztes Wasser trinkbar zu machen, müssen sowohl Partikel und Chemikalien als auch Bakterien und Viren daraus entfernt werden; mit Keramik, aktiviertem Kohlenstoff, Sand, UV-Licht und diversen Membranen stehen dafür verschiedene miteinander kombinierbare Filterprinzipien zur Wahl. Die Herausforderung für *Fair Cap* bestand darin, eine sowohl günstige als auch Platz sparende Lösung zu entwickeln. Dafür sollen mehrere Varianten von Filtern hergestellt werden, die jeweils einen bestimmten Anwendungsbereich abdecken.
Zur Kostensenkung setzt das Projekt auf Open-Source-Technologie und stellt auch das eigene Know-how unentgeltlich zur Verfügung – mit einem 3D-Drucker kann jede(r) den Flaschenaufsatz selbst produzieren. Eine Anleitung erklärt, welche Filtermaterialien wie eingesetzt werden können. Beim Produktdesign macht derzeit noch das teure Herausfiltern von Bakterien und Viren Schwierigkeiten und lässt die Produktionskosten nicht unter drei bis fünf US-Dollar pro Stück fallen, doch der Ein-Dollar-Preis ist unverändert das Ziel und nach Angaben von *Fair Cap* auch erreichbar. *(dw)*

Anmerkung
(1) www.faircap.org

Nachhaltiges Design

Innovativ - ökologisch - sozial sinnvoll

Von Ursula Tischner

Open Source und Crowd Funding bieten spannende Möglichkeiten für Designprojekte, die das Leben von Ärmeren und Benachteiligten verbessern und die Umwelt entlasten könnten.

Nachhaltiges Design orientiert sich an der Definition der Vereinten Nationen für nachhaltige Entwicklung. Es gestaltet Lösungen, die gut für Menschen und die natürliche Umwelt sind und die wichtige Bedürfnisse der heutigen Weltbevölkerung befriedigen, ohne die Chancen zukünftiger Generationen zu beeinträchtigen. Das bedeutet: Im nachhaltigen Design kümmern wir uns um nachhaltigkeitsrelevante Probleme und den Bedarf insbesondere der ärmeren und benachteiligten Menschen. Die Verbesserung der Lebensqualität und große Herausforderungen wie Klimawandel, Ressourcenknappheit oder Umweltverschmutzung werden dabei heruntergebrochen auf konkrete Handlungsfelder. Ressourcen- und Energieeffizienz und -effektivität, Kreislaufwirtschaft, Schadstofffreiheit und sozial verträgliche Produktionsbedingungen sind das Ziel.

Das *Fair Cap*-Projekt, das interessanterweise nicht von Gestaltern, sondern einem Ökonomen entwickelt wurde, startete mit dem akuten Problem der Trinkwasserversorgung (vgl. S. 130). Im Jahr 2015 hatten immer noch etwa neun Prozent der Weltbevölkerung, rund 660 Millionen Menschen, keinen Zugang zu sauberem Trinkwasser. Die meisten davon leben in Subsahara-Afrika und in Südostasien. Die Verbesserung von Infrastruktur in diesen Ländern erfordert die Mitwirkung von vielen Akteursgruppen, wie Politik, Unternehmen und Organisationen der Entwicklungszusammenarbeit. Gestaltende haben jedoch die spannende Möglichkeit und oft auch den Wunsch, schnell und direkt verfügbare Lösungen für die leidenden Menschen zu erarbeiten. Wichtig bei solchen Projekten ist auch, dass Bedarf und Kontext sehr genau recherchiert und die Betroffenen gehört oder sogar in die Gestaltung und Produktion einbezogen werden. Nur wenn das und die besondere wirtschaftliche Situation in den betroffenen Ländern berücksichtigt werden, hat ein Projekt Chancen auf Erfolg. Viele humanitäre Projekte von Solarkochern bis zu Sanitärzellen sind gescheitert, weil sie diese Kriterien nicht ausreichend beachtet haben. Ein Vorreiter partizipativer Gestaltungsprojekte war der Designer Viktor Papanek, der schon in den 1960er- und 70er-Jahren ein anderes Industriedesign gefordert hat, das Probleme löst und nicht nur die Wegwerfgesellschaft bedient.

Was den nötigen Schub bringt

Ein grundlegender Unterschied solcher Projekte zur „normalen" Tätigkeit von Gestaltenden ist, dass hier der Bedarf oder ein gesellschaftlich relevantes Problem am Anfang steht und nicht ein Unternehmen, das mit einem Auftrag an eine(n) Designer(in) seine Marktposition und Gewinne verbessern möchte.

Gestaltende, die mit einem konkreten und gesellschaftlich sinnvollen Bedarf oder Problem starten, haben zum einen sehr viel größere Freiheiten, eine radikal neue und bessere Lösung zu entwickeln, da sie sich nicht an der bestehenden Unternehmensinfrastruktur und -philosophie orientieren müssen. Zum anderen bieten die neuen Strategien von Open Source, Crowd Sourcing und Crowd Funding äußerst spannende Möglichkeiten, neue Kooperationen und Allianzen zwischen Akteuren zu knüpfen und dadurch neue Organisations- und Geschäftsmodelle zu realisieren.

politische ökologie

2003

2007

Das bildet das Fair Cap-Projekt gut ab: Von einem Einzelakteur entwickelt, über Open Source und Crowd-Sourcing-Ansätze verbessert und über Crowd Funding finanziert kann es zu einem echten Durchbruch kommen, wenn das Ziel der Kostengünstigkeit realisiert wird und sich weitere Kooperationspartner für Produktion und Vertrieb vor Ort finden. Mittlerweile gibt es sogar Internetportale, die systematisch versuchen, solche Projekte zu ermöglichen und zu fördern, etwa www.innonatives.com, eine offene Innovationsplattform, die sich ausschließlich Nachhaltigkeitsprojekten widmet.

Private und öffentliche Auftraggeber(innen) sollten vermehrt gesellschaftliche Probleme und Bedürfnisse als Ausgangspunkt für Innovationsprojekte nehmen. Mit den richtigen politischen Rahmenbedingungen lassen sich Gestaltende und Unternehmen motivieren, verstärkt für die Große Transformation tätig zu werden. Den nötigen Schub brächten etwa Steuervergünstigungen für ökologisch und sozial sinnvolle Produkte, Förderprogramme für nachhaltigkeitsorientierte Innovation sowie mehr Transparenz durch eine Deklaration seitens der Hersteller zu Aspekten wie lebenszyklusweiten Ressourceninputs und Schadstoffausstößen, CO_2-Fußabdruck oder Kreislauffähigkeit. Je klarer solche Aspekte auf den Produkten abzulesen sind, umso leichter wird es für Konsument(inn)en, informierte Kaufentscheidungen zu treffen.

Was schätzen Sie an der *politischen ökologie?*
Dass sie es einfach nicht lassen kann, unbequeme Fragen zu stellen und unpopuläre Antworten zu geben.

Zur Autorin
Ursula Tischner, geb. 1964, studierte Architektur, Kunst und Produkt-Design/Industrial Design und gründete 1996 econcept, Agentur für nachhaltiges Design. Seit 2016 verantwortet sie das Masterprogramm Eco-innovative Design an der Fachhochschule Joanneum in Graz.

Kontakt
Ursula Tischner
E-Mail u.tischner@econcept.org

Befahrbare Solarzellen von Solmove

Eine Fahrbahn, die gleichzeitig Straßenbelag ist und Strom liefert – seit Dezember 2016 ist die weltweit erste Solarstraße im französischen Touruvre-au-Perche befahrbar. 2014 wurde im niederländischen Krommenie ein Solarfahrradweg in Betrieb genommen. Schwierigkeiten bereiten das Oberflächenmaterial, das stabil, rutschfest und gleichzeitig lichtdurchlässig sein muss, und die Tatsache, dass Solarstraßen waagrecht sein müssen und daher nicht im optimalen Winkel zur Sonneneinstrahlung stehen.

Die 2014 gegründete Solmove GmbH hat die Idee in Zusammenarbeit mit dem Fraunhofer-Institut für Silicatforschung, der RWTH Aachen und weiteren Forschungsinstituten weiterentwickelt. Ihre Photovoltaik-Elemente haben Ähnlichkeit mit den üblichen Modellen von doppelt verglasten Silizium-Solarzellen auf Häuserdächern. Um das Licht auch horizontal brechen zu können, wurden sie zusätzlich mit leitfähigen Mischfasern versehen. Darüber hinaus wurde ein Oberbelag des Photovoltaik-Elements entwickelt, der für Haftung und Rutschfestigkeit sorgen soll. Das integrierte Titanoxid soll außerdem das von Straßenfahrzeugen ausgestoßene Stickstoffoxid zersetzen und so die durch den Verkehr verursachte Luftverschmutzung reduzieren.

Den Kalkulationen der Gründer zufolge können die Solarzellen – angebracht auf Fahrbahnen für Räder und Autos, aber auch auf Parkplätzen – pro Jahr etwa 100 Kilowattstunden Strom pro Quadratmeter erzeugen.

Solmove möchte für seine horizontalen Photovoltaikanlagen vor allem Kommunen begeistern, die durch den neuartigen Straßenbelag Geld sparen könnten. 2016 zeichnete der Nachhaltigkeitsrat Solmove als „Werkstatt N-Projekt" aus. Bei der Bundesanstalt für Straßenwesen wird der Prototyp nun auf Eignung im Straßenverkehr getestet. *(je)*

Anmerkung

www.solmove.com

Neue Technologien

Wege in die Zukunft

Von Klaus Burmeister

Klimaschutz auf deutschen Straßen und der notwendige Übergang in eine postfossile und intermodale Mobilität erfordern neben guten Ideen auch innovative Technik.

Die aktuelle Debatte um den Dieselmotor, mögliche Fahrverbote in den Innenstädten, der Verkaufserfolg von Tesla im Kernsegment der Autoindustrie, die Ankündigung der chinesischen Regierung, eine Quote für den Verkauf von Elektrofahrzeugen einzuführen und der ganze Hype um das Thema des autonomen Fahrens belegen die Bedeutung der Mobilität für die Wettbewerbsfähigkeit eines Standorts. Der notwendige Übergang in eine postfossile und intermodale Mobilität fordert die Autoindustrie disruptiv heraus. Nicht mehr der Verkauf von Fahrzeugen, sondern die Positionierung als Mobilitätsdienstleister wird im Mittelpunkt plattformbasierter Geschäftsmodelle stehen. Der Verbrennungsmotor ist ein Auslaufmodell. Der rückwärtsgewandte Kampf des autoindustriellen Komplexes für einen sauberen Diesel verbrennt leider viel von der notwendigen Energie für die anstehende Systeminnovation.
Die klimapolitische Bedeutung des Verkehrssektors ist augenscheinlich. Während Daten der Internationalen Energieagentur global auf eine Stabilisierung der Klimabelastung hindeuten, patzt Deutschland, einstiges Vorreiterland beim Klimaschutz. Hierzulande sind die Emissionen um einen halben Prozentpunkt gestiegen. Verantwortlich dafür wird vor allem der Pkw- und Lkw-Verkehr gemacht. Ein Fünftel des ausgestoßenen Kohlenstoffdioxids wird allein vom Verkehr verursacht. Das

deutsche Klimaziel, die Emissionen bis 2020 um 40 Prozent zu reduzieren, scheint in weite Ferne gerückt, derzeit liegt Deutschland erst bei minus 27,6 Prozent. Die drastischen Herausforderungen bringt ein aktuelles Papier des Umweltbundesamtes deutlich zum Ausdruck. (1) Demnach ist zur Einhaltung der Klimaziele die Einführung einer „fahrleistungsabhängigen Maut für alle Straßenfahrzeuge" unabdingbar. Bis zum Jahr 2030 müssten zwölf Millionen Elektroautos auf den Straßen fahren, im Frühjahr 2017 hatte die Kanzlerin erst ihr Ziel, bis 2020 eine Million Elektrofahrzeuge auf die Straße zu bringen, gekippt. Weiterhin wird eine Mindestquote für Elektroautos nach chinesischem Vorbild ins Spiel gebracht. 2020 müsste die Quote bei drei Prozent und 2025 bereits bei 30 Prozent liegen. - Ein Katalog, der an Klarheit nichts zu wünschen übrig lässt.

Ein solcher Systemwechsel in kurzer Zeit ist nur im Verein mit der Wirtschaft, den Arbeitnehmer(inne)n, den Autofahrer(inne)n und den Bürger(inne)n denkbar. Hier erhält die Idee einer horizontalen, befahrbaren Solarzelle für mich seine Relevanz (vgl. S. 134). Den Vorstoß von Solmove, die bisherigen Projektversuche in Frankreich und den Niederlanden weiterzuentwickeln, finde ich wichtig, weil das Start-up helfen könnte, zu einer stärkeren Koppelung zwischen den zentralen Handlungsfeldern der Klimapolitik, Energie und Mobilität, beizutragen.

Innovationsallianzen schmieden

Fahrbare Solarzellen haben nicht nur das Potenzial, Visionen freizusetzen, sie fördern auch auf innovative Weise eine verbesserte Ladeinfrastruktur. Weiterhin leisten sie über die dezentrale Speicherung überschüssiger Energie einen Beitrag zur

2000

2014

Stabilität der Netze im Rahmen der Energiewende. Der Ruck, der durch dieses Land gehen muss, erfordert neuartige Innovationsallianzen auf Zeit, die Städte, Verkehrsverbünde, Wohnungsbaugesellschaften und die Bürger(innen) aktiv mit einbeziehen. Was wäre, wenn der Bundesverkehrswegeplan 2030, ausgestattet mit 300 Milliarden Euro, nicht nur Investitionen in Teer und Beton finanzierte und einen Wettbewerb der Ideen auslobte? 2020 könnte eine Nachricht wie diese zu lesen sein: „Die Solar-Autobahn zwischen den Städten mit den meisten Startups, den sogenannten Gründerhauptstädten Berlin und Hamburg, wird gebaut. Ab 2025 können Sie vom Prenzlauer Berg bis nach Altona völlig CO_2-frei durchfahren."

Anmerkung

(1) Bergk, Fabian/Knörr, Wolfram/Lambrecht, Udo et al. (2017): Klimaschutzbeitrag des Verkehrs bis 2050, UBA-Texte 45/2017. Download: www.umweltbundesamt.de/publikationen/klimaschutzbeitrag-des-verkehrs-bis-2050

Ich schätze die *politische ökologie* ...

... weil ich ein Freund lebens- und liebenswerter Zukünfte bin.

Zum Autor

Klaus Burmeister, geb. 1954, gelernter Starkstromelektroniker und Politologe, ist Autor und Gründer sowie Geschäftsführer des foresightlab, das sich den Umbrüchen infolge der digitalen Transformation, der Veränderung von Arbeit und Produktion sowie einer neuen Architektur von Wertschöpfungsprozessen widmet.

Kontakt

Klaus Burmeister
E-Mail burmeister@foresightlab.de

Foodsharing gegen Lebensmittelverluste

Seit 2012 setzt sich die Initiative *Foodsharing* gegen Lebensmittelverschwendung ein. Ziel ist es, Lebensmittel, die noch viel zu gut für die Tonne sind, aber beispielsweise das Verfallsdatum überschritten haben, die (optische) Mängel aufweisen oder nicht mehr hundertprozentig frisch sind, vor dem Wegwerfen zu bewahren. Das Konzept des Foodsharing setzt auf die Beteiligung von freiwilligen privaten Lebensmittelretter(inne)n, den sogenannten Food Savern, sowie auf die Einbindung kommerzieller Händler wie etwa Supermärkte. Die Betriebe können Lebensmittel, die nicht mehr verkauft werden können, an die von Foodsharing ausgewiesenen Lebensmittelretter(innen) abgeben. Diese verteilen den erhaltenen Essenskorb dann an weitere Privatpersonen oder soziale Einrichtungen.

Wichtig für den Erfolg waren und sind digitale Werkzeuge: Dank einer Internetplattform (1) sowie einer App funktioniert das Zusammenbringen von Anbietern und Abholer(inne)n von Essenskörben niedrigschwellig und ohne großen Aufwand. Mit diesem Konzept konnte die Reichweite der Bewegung seit 2012 kontinuierlich erweitert werden. Mittlerweile leisten in Deutschland, Österreich und der Schweiz über 200.000 registrierte Nutzer(innen), 25.000 aktive Lebensmittelretter(innen) und über 3.000 kooperierende Betriebe einen Beitrag gegen die Verschwendung von Essbarem. Seitdem wurden geschätzte acht Millionen Kilogramm noch verzehrbarer Lebensmittel vor dem Wegwerfen bewahrt.
Mögen es Supermärkte oder Food Saver lieber analog, können sie auch über sogenannte Fair-Teiler – im öffentlichen Raum stehende Regale oder Kühlschränke – Lebensmittel teilen. Die Fair-Teiler werden zu sozialen Treffpunkten in Nachbarschaften und ermöglichen es auch Bedürftigen, ohne Stigmatisierung und Diskriminierung kostenlos Lebensmittel zu beziehen. *(Anja Höfner und Tilman Santarius)*

Anmerkung
(1) foodsharing.de

Soziale Innovation dank Digitalisierung

Wertschätzungs- statt Wegwerfgesellschaft

Von Anja Höfner und Tilman Santarius

Digitale Tools eröffnen neue Chancen für umweltfreundlicheren Konsum, ermächtigen Menschen und helfen dabei soziale Innovationen anzustoßen.

Trägt die Digitalisierung zu einer sozial-ökologischen Transformation der Gesellschaft bei – oder modernisiert sie eher den zerstörerischen Status quo? Dies ist sicher eine der derzeit spannendsten Fragen der Nachhaltigkeitsdebatte. Und sie lässt sich nicht pauschal beantworten. In den vergangenen Jahren ist die einstmalige New Economy zur Speerspitze des globalen Kapitalismus aufgestiegen: Mit Apple, Alphabet (Google), Microsoft, Amazon und Facebook sind fünf der weltgrößten börsennotierten Konzerne digitale Player. Mithilfe von sogenannten Big Data-Auswertungen, der Personalisierung von Werbung und Preisen, sozialen Netzwerken und automatisierten Bots hat sich das Internet inzwischen zu einer einzigen gigantischen Werbemaschine entwickelt. Leider, denn das treibt auch den nicht-nachhaltigen Konsum in immer größere Höhen.

Doch es gibt auch Hoffnung, dass die Digitalisierung neue Chancen für umweltfreundlicheren Konsum eröffnet. Erstens bieten digitale Tools Informationen für alternativen Konsum und erleichtern diesen ungemein. Nur ein Beispiel: Im Bereich Ernährung werden Restaurantführer mit Nachhaltigkeitskriterien (wie *Vanilla Bean*) oder zur Empfehlung veganer und vegetarischer Gastronomie (wie *Vebu*) angeboten. Und Bio-Lebensmittel sind dank Online-Shopping heute überall und rund um die Uhr erhältlich. Ein Pferdefuß ist allerdings, dass verbesserte Informationen sich nicht automatisch in veränderte Praktiken übertragen; Psycholog(in-n)en sprechen hier von der notorischen Lücke zwischen Wissen und Handeln. Es ist fraglich, ob digital vermitteltes Wissen gegenüber traditioneller Nachhaltigkeitskommunikation besser dabei funktioniert, diese Lücke zu schließen.

Der Vorstadtpanzer bleibt in der Garage

Ein zweites Potenzial digitaler Tools liegt darin, Menschen zur verstärkten Zusammenarbeit zu ermächtigen – zum Leihen, Tauschen und gemeinsamen Produzieren. Wieder nur ein Beispiel: Im Verkehrsbereich bieten verschiedene Mitfahr-Apps wie *Shuttle* und *Mobile Together* niedrigschwellig nutzbare Möglichkeiten der Mobilität (vgl. S. 145 ff.). Sogenannte Free floating Bike- und Carsharing-Systeme liefern gute Argumente, die privaten Vorstadtpanzer öfter mal in der Garage zu lassen. Allerdings hat auch das Teilen einen Haken: Weil kommerzieller Konsum vermieden wird, bleibt in der Regel Geld übrig. Es drohen sogenannte Rebound-Effekte, wenn dank Sharing der Konsum in anderen Bereichen ansteigt.

„Zweifellos wäre Foodsharing ohne Digitalisierung heute nach wie vor ein Nischenphänomen.“

Drittens können digitale Tools soziale Innovationen anstoßen, sprich: ganz neue Formen des Lebens und Wirtschaftens ermöglichen. Die App *Foodsharing* ist hierfür ein gutes Beispiel (vgl. S. 138). Foodsharing macht Lebensmittelretten – technisch: das Verringern von Nachernteverlusten – zu einer alltäglichen Tätigkeit von heute bereits Zigtausenden Menschen. Zugegeben, das ist keine gänzlich neue Erfindung. Schon seit Jahrzehnten retten linke Gruppen mit mehr oder minder illegalen Aktionen abgelaufene Waren aus Abfallcontainern von Supermärkten. Das Innovative an Foodsharing ist, dass es diese Praxis in die Legalität hebt, indem Supermärkte nun an von Foodsharing verifizierte Food Saver Lebensmittel kostenlos abgeben, die sie sonst wegwerfen würden. Und dank der Leichtigkeit, Anbieter und Abnehmer(innen) auf der digitalen Plattform zu verbinden, erfreut es sich einer wachsenden gesellschaftlichen Basis. Innovativ ist ferner, dass die Praxis weder Menschen ausschließt, die wenig Zeit haben, noch auf die bildungsnahe Elite des klassischen Grünen-Wählerpotenzials beschränkt bleibt. Manche Food Saver machen bis zu drei Abholungen am Tag, andere gehen lediglich alle zwei bis drei Wochen Lebensmittel retten. Genauso bunt sind auch die Hintergründe der Teilnehmenden: Menschen verschiedener Subkulturen und Lebenssituationen leisten gemeinsam die Arbeit der Annahme der Lebensmittel und des Fair-Teilens und kommen bei Treffen oder gemeinsamen Aktivitäten der Regionalgruppen zusammen.

Eine transformative Kraft

Über die Innovation hinaus leistet Foodsharing sogar Angebote für soziale Integration. So bekommen zum Beispiel Menschen, die keiner beruflichen Tätigkeit nachgehen, die Möglichkeit, eine sinnstiftende und in sozialer Interaktion stattfindende Aufgabe zu übernehmen. Über die vielen Mitglieder entstehen oftmals neue Vernetzungsaktivitäten wie Lastenfahrradbau, gemeinsame Veranstaltungen und dergleichen mehr. Und Food Saver kommen durch das Fair-Teilen in Kontakt mit sozialen Einrichtungen wie Obdachlosenunterkünften, Tafeln oder Bahnhofsmissionen, zu denen die meisten in ihrem (Berufs-)Alltag sonst keinen Bezug haben. Zweifellos wäre Foodsharing ohne Digitalisierung heute nach wie vor ein Nischenphänomen. Und na klar: Auch hierbei bleibt Geld übrig, das in den Konsum anderer Waren oder Dienstleistungen gesteckt werden und möglicherweise Rebound-

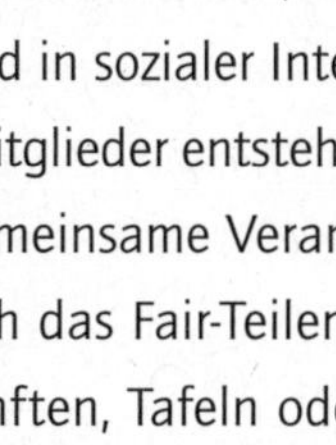

1996

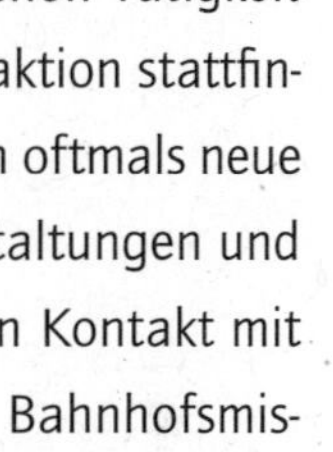

erscheint 2018

Effekte hervorrufen kann. Aber viele Food Saver werden im Laufe ihres praktischen Tuns wahrscheinlich einen bewussteren Umgang mit Lebensmitteln erlangen. Und vielleicht beginnen sie auch ein kreativeres und vielseitigeres Kochen mit Zutaten, die sie sich sonst vielleicht nicht gekauft hätten. Weit weg von der personalisierten Werbung bei Amazon oder der Geiz-ist-geil-Mentalität auf Ebay trifft man hier auf eine transformative Kraft der Digitalisierung.

Was schätzen Sie an der *politischen ökologie?*

a) Die Zeitlosigkeit der Schwerpunktthemen.

b) Das wunderbare Team, das die *pö* seit so vielen Jahren so professionell herausgibt!

Zur Autorin, zum Autor

a) Anja Höfner, geb. 1989, ist wiss. Mitarbeiterin der Forschungsgruppe „Digitalisierung und sozial-ökologische Transformation" am Institut für ökologische Wirtschaftsforschung.

b) Tilman Santarius, geb. 1974, Soziologe, Ethnologe und Volkswirtschaftler, leitet die Forschungsgruppe „Digitalisierung und sozial-ökologische Transformation". Er hat über Rebound-Effekte promoviert und war am Wuppertal Institut und bei der Heinrich Böll-Stiftung tätig.

Kontakt

Anja Höfner, Dr. Tilman Santarius
E-Mail anja.hoefner@ioew.de,
santarius@tu-berlin.de

Lastenräder als Hoffnungsträger

In den vergangenen Jahren ist der Cargobike-Kult ausgebrochen: Nicht nur in der Fahrradbranche werden Lastenräder als Trend gehandelt, sondern auch wenn es um Stadtentwicklung und Lösungen für den urbanen Verkehr unserer Zeit geht. Pizza- und Lieferdienste, sogenannte Last Mile Delivery und Familienmobilität zeigen: Mit dem Lastenrad lassen sich die Dinge des Alltags einfach und effektiv ohne Auto bewegen. Um mehr dieser praktischen Räder auf die Straße zu bringen und die Lebensqualität in unseren Städten zu verbessern, hat Eric Poscher mit *Fairvelo* eine Sharing Community gegründet, die umweltfreundliche Fortbewegung fördert. (1) Im Unterschied zu den City-Bikes bietet das Sozialunternehmen Lastenräder zur gemeinschaftlichen Nutzung in Nachbarschaften an. Familien können ihre täglichen Wege zwischen Kita, Arbeit und Freizeit zurücklegen. Das Projekt startet im Herbst 2017 in Vorarlberg und der Bodenseeregion. Ein E-Motor soll garantieren, dass man auch bei Steigungen oder auf längeren Strecken (im ländlichen Raum) mühelos ans Ziel gelangt. Dass mit einem Lastenrad erwiesenermaßen eher lokale Einkaufsmöglichkeiten genutzt, die Nutzer(innen) zu mehr Bewegung animiert werden und außerdem die Parkplatzsuche entfällt, sind nur einige der erfreulichen Nebeneffekte.

Seitdem Lastenräder wieder ins allgemeine Bewusstsein gerückt sind, hat die Ausrede, dass für den Großeinkauf, das Abholen von Kindern oder für den gewerblichen Stadtverkehr ein Auto nötig sei, endgültig ausgedient. Lastenräder sind ein wichtiger Baustein, um die vielbeschworene Verkehrswende in die Praxis umzusetzen und damit eines der großen urbanen Probleme unserer Zeit zu lösen. *(Stephan Rammler)*

Anmerkung

(1) fairvelo.org

Postfossile Mobilität

Ikone der modernen Selbstbeweglichkeit

Von Stephan Rammler

Neue Materialien, intelligente Antriebe und Schaltungen sowie digitale Vernetzungsmöglichkeiten machen aus Fahr- und Lastenrädern *das* Verkehrsmittel der Zukunft.

Alles - immer - sofort. So lässt sich die Maxime der neuen Just in time-Lebensstile formulieren, welche die Digitalisierung im Zusammenspiel von E-Commerce und Sharing Economy im Moment in den unterschiedlichen Varianten hervorbringt. Die erwarteten Wachstumsimpulse für die urbane Lieferlogistik sind riesig. Weltweit stehen Städte mittlerweile nicht mehr nur vor der Herausforderung, die heute schon zum Teil äußerst negativen Auswirkungen des fossilen Personen- und Güterverkehrs sowie der Kurier-Express-Paketdienst-Logistik - beispielsweise die lokalen Emissionen, den enormen Raumverbrauch und die nach wie vor anwachsenden Klimaeffekte - in den Griff zu bekommen. Sie müssen überdies davon ausgehen, dass sich die negativen verkehrsökologischen und räumlichen Probleme einer Just in time-Permanentgütermobilität weiter dramatisch zuspitzen. In dieser Situation kommt die gegenwärtige Wiederentdeckung des Zweirades gerade recht - im Personenverkehr sowie für den Gütertransport. Noch nie schien es so praktisch und einfach, die Energiewende auf die Straße zu bringen, wichtige urbane Probleme zu lösen und so einen Beitrag zur Großen Transformation zu leisten, an deren Beginn wir auch in der Mobilitätswirtschaft stehen.

200 Jahre nach seiner Erfindung erlebt das Zweirad eine Renaissance im globalen Rahmen, angesichts deren Dynamik, Vielfalt und äußerst positiven Zukunftserwar-

> **„Noch nie schien es so praktisch und einfach, die Energiewende auf die Straße zu bringen und wichtige urbane Probleme zu lösen.“**

tungen man durchaus von einer kulturellen Neuerfindung des Zweirades sprechen kann. Bemerkenswert ist es, dass die Zukunftsentwürfe einer modernen Radkultur dem Rad nicht allein im Personenverkehr eine wichtige Rolle zuordnen, sondern vor allem auch im Güter- und Warentransport.

Ein leistungsfähiges Hochtechnologieprodukt

Neue Materialien, intelligentere Antriebe und Schaltungen und schließlich Elektroantrieb und digitale Vernetzung zeigen, dass der technologische Fortschritt auch am Fahrrad nicht vorbeigegangen ist. Das Rad ist heute zunehmend ein modernes und sehr leistungsfähiges Hochtechnologieprodukt. Das macht seinen massenhaften Einsatz auch für den urbanen Warentransport nicht nur kostengünstig, schnell und flexibel, sondern angesichts der Wachstumsprognosen des Warenumschlags auch unbedingt nötig – vorausgesetzt, Effizienz und Nachhaltigkeit sind akzeptierte Ziele der urbanen Mobilitätswende.

Das Transportrad-Community-Projekt *Fairvelo* und das geplante Buchprojekt „Cargo Bike Boom“ von Eric Poscher und Jürgen Ghebrezgiabiher sind wichtige Beiträge dazu, diese Entwicklung zu unterstützen (vgl. S. 144). (1) In ihrem Buch stellen sie

1993

1995

2003

2014

Pioniere vor, die dazu beitragen, Mobilität vergnüglicher und grüner zu gestalten, und geben einen Überblick über die technischen Grundbegriffe und die wichtigsten Transportradtypen und -modelle. Das erzeugt Transparenz, Wissenstransfer und vor allem den Wunsch, mitzuwirken an dieser zweiten Erfindung des Zweirades. Wenn schließlich auch Politik und Verbraucher(innen) die Bedeutung und das Problemlösungspotenzial des Zweirades als Transportrad erkennen und das Rad dementsprechend fördern und nutzen, wird es dann vielleicht als *das* Verkehrsmittel des 21. Jahrhunderts das Automobil ablösen und zur eigentlichen, zur wirklich zukunftsfähigen Ikone moderner Selbstbeweglichkeit werden.

Anmerkung

(1) Poscher, Eric/Ghebrezgiabiher, Jürgen (2017): Car go Bike Boom. Wie Transporträder unsere Mobilität revolutionieren. In Vorbereitung.

Was schätzen Sie an der *politischen ökologie?*
Durchblick, Überblick und Möglichkeitssinn für das Zukünftige.

Zum Autor
Stephan Rammler, geb. 1968, ist Gründungsdirektor des Instituts für Transportation Design und Professor für Transportation Design & Social Sciences an der Hochschule für Bildende Künste Braunschweig.

Kontakt
Prof. Dr. Stephan Rammler
E-Mail st.rammler@hbk-bs.de

30 Jahre politische Ökologie in Deutschland

Was getan ist. Und was zu tun ist.

Von Harald Welzer

Wollen wir ein autoritäres Zeitalter verhindern, in der eine globale Minderheit mithilfe von immer mehr Gewalt, Ausgrenzung und Entdemokratisierung ihre Privilegien sichert, brauchen wir eine zweite Ökobewegung, die sich gesellschaftspolitisch versteht und von einem neuen Realismus getragen ist.

Es stimmt ja: Es ist tatsächlich eine Menge geschehen in den vergangenen drei Jahrzehnten. Weniger Menschen sterben an Hunger oder leben in absoluter Armut, das Bildungsniveau ist gestiegen und das Gewaltniveau gesunken; Nachhaltigkeit und Klimaschutz sind in Gesetzgebungen und Wirtschaftsstrategien eingeflossen, vielerorts jedenfalls. Man kann sogar sagen: Wir haben in den letzten 30 Jahren einen tiefgreifenden Kulturwandel gesehen. Ökologie ist in Westeuropa ein Mainstream-Thema, Gegenstand von Werbung, Konsum und Lebensstil, jedenfalls in seinen kulturellen Dimensionen, also dort, wo es materiell keinen Unterschied macht. Denn materiell ist die zivilisatorische Entwicklungsrichtung ganz und gar ungebrochen auf Wachstum gerichtet, in der globalisierten Wirtschaft mit mehr Zerstörungswirkung als jemals zuvor. Deshalb ist mein Blick auf das Erreichte mit einem leicht abgewandelten Aperçu von Ernst Bloch am besten beschrieben: Das, was die Ökobewegung getan hat, war richtig. Aber was sie nicht getan hat, war falsch.

Was richtig war: der politische Kampf, die Gründung einer Partei, die Institutionalisierung von Ökologie, Klimapolitik, Nachhaltigkeit. Und natürlich: All die Graswurzel-Initiativen, die besonders in den vergangenen zehn Jahren frischen Wind in die expertokratische Debatte gebracht haben, waren richtig und wichtig.
Was falsch war: die gesellschaftspolitische Dimension immer weiter auszuklammern. Institutionalisierte Schizophrenie hat zu einer schleichenden Entpolitisierung und Magisierung der ökosozialen Frage geführt: Die Leute sollen kaufen, immer mehr kaufen und zugleich sollen sie klima- und nachhaltigkeitsbewusst sein. Da beides nicht zusammengeht, verschiebt man das Problem: in individuelle Schuldgefühle und Eco-Labelling von Dingen, die – wie Autos und Kreuzfahrten – per se nicht eco sein können. Meister der Öko-Magie sind die Grünen mit ihren auf fortlaufenden Schwachsinn heruntergekommenen Predigten vom „grünen Wachstum" und dem festen Stehen zum „Automobilproduktionsstandort Deutschland" (Cem Özdemir). Auf der nach unten offenen grünen Dummheitsskala markiert der aktuelle Slogan „Umwelt ist nicht alles. Aber ohne Umwelt ist alles nichts" wahrscheinlich nur einen nächsten, nicht aber den finalen Tiefpunkt.

Schluss mit den Lebenslügen!

Aber: Problem erkannt, Problem gebannt. Wir müssen zurück zum Politischen, darum heißt diese Zeitschrift ja auch so. Also formulieren wir ein Programm für die kommenden 30 Jahre (und kommen Sie mir nicht mit „So viel Zeit haben wir nicht!" – soziale Prozesse folgen nicht den Zeitvorgaben von Klimawissenschaftler(inne)n, finden Sie sich damit ab!) Da wären also, unter der Prämisse „Schluss mit dem magischen Denken und den Lebenslügen", folgende Punkte zu berücksichtigen:
1. Alle Fortschritte in der Nachhaltigkeitspolitik des Westens haben NICHT zu einer Reduktion des Material- und Energieaufwands und der Emissions- und Müllmengen geführt. Da es keine absolute Entkoppelung von Wachstum und Material- und Energieaufwand gibt, brauchen wir eine Kultur des Weniger (vgl. S. 123 ff.). Exakt dafür werden unendlich viele Modelle und Experimente in der Lebenswelt bereitgestellt und erprobt, und vieles dazu findet sich hier in dieser Ausgabe sowie in einer noch zu entwickelnden Archäologie der nachhaltigen Praktiken. Das alles darf aber nicht individualistisch, sondern muss politisch verstanden werden: als Praxis des Pfad-

> **„Wenn wir über Nachhaltigkeit reden, sprechen wir notwendigerweise immer über Verteilung. Die reichen Länder müssen ärmer werden, die armen reicher.“**

wechsels, der politisch übersetzt werden muss. Das bedeutet: Konflikt. Pfadwechsel ist kein Win-win. Sozialer Wandel ist überhaupt nie ein Win-win, ökosozialer also auch nicht.

2. Nachhaltigkeit und permanent steigender materieller Lebensstandard schließen sich aus.
3. Daher sprechen wir, wenn wir über Nachhaltigkeit reden, notwendigerweise immer über Verteilung. Die reichen Länder müssen ärmer werden, die armen reicher.
4. Soziale und ökologische Gerechtigkeit gibt es nur zusammen.
5. Nachhaltigkeit und (kurzfristige) Effizienz schließen sich aus.
6. Das zivilisatorische Projekt der liberalen, rechtsstaatlichen Demokratie und der Offenen Gesellschaft muss bewahrt werden. Dazu muss es modernisiert werden, und zwar in seinem gesellschaftlichen Naturverhältnis. Die Modi dieser Modernisierung sind: Reduktion von Konsum und Verbrauch, Verteilungsgerechtigkeit, De-Privilegierung, Einübung von Aufhören als gesellschaftliche Praxis, Nichteffizienzgymnastik (vgl S. 39 ff.).
7. Diese Modernisierung ist ein normatives, kein wissenschaftliches Projekt.
8. Die Zeichen stehen auf fundamentalem Wandel. Immer mehr Menschen müssen ihr Land verlassen und woanders hingehen. Immer mehr ökologische Desaster und Wetterextreme wirken als Stress auf bestehende soziale und politische Strukturen. Politische Reaktionsmuster zielen auf die Renaissance einer feudalen und autoritären Vergangenheit statt auf das Projekt einer zukunftstauglichen liberalen Demokratie. So betrachtet, befinden wir uns in einer vorrevolutionären Situation.
9. Wie im 18. Jahrhundert vor der französischen Revolution ist die produktive Klasse, der globale Dritte Stand von Minenarbeitern bis zu den Näherinnen in den Textilfabriken und zu den Flüchtlingen, politisch nicht repräsentiert (Milo Rau). Es gibt zwei Möglichkeiten: einen Modernisierungsprozess zu unterstützen, der darin

besteht, diese Repräsentation politisch zu erkämpfen (siehe Punkt 2 bis 6) oder die Fortsetzung der institutionellen Schizophrenie zu unterstützen, was absehbar in ein autoritäres Zeitalter zurückführt.

10. Vor diesem Hintergrund ist eine Politisierung des Nachhaltigkeits-, Klima- und Ökologiediskurses überfällig. Wir brauchen eine zweite, sich gesellschaftspolitisch verstehende Ökobewegung, die von einem neuen Realismus getragen ist. Grüne Magie und grünes Biedermeier sind sozusagen over.

In summa: Die Bewohner(innen) der reichen Länder haben eine Wahl zu treffen. Sie können sich für einen politischen Neofeudalismus entscheiden, der die Privilegiensicherung einer globalen Minderheit mit immer mehr Gewalt, Ausgrenzung und Entdemokratisierung realisiert. Das geht vielleicht noch ein oder zwei Generationen gut und erfordert eine erhebliche moralische Geschmeidigkeit. Charakterisieren wir es so: In solch einem neofeudalen System kann man Ethik-Kommissionen beschäftigen, die sich mit dem Problem plattgefahrener Omas durch smarte Autos befassen und ohne jede Ethik-Kommission Zehntausende Menschen im Mittelmeer ertrinken lassen. Wenn man allerdings solche moralische Geschmeidigkeit nicht aufzubringen bereit ist, muss man beginnen, zu tun, was richtig ist.

Was schätzen Sie an der *politischen ökologie?*
Das beharrliche Festhalten daran, dass der sozial-ökologische Umbau der modernen Gesellschaft ein gesellschaftspolitisches Projekt ist.

Zum Autor
Harald Welzer, geb. 1958, ist Soziologe und Sozialpsychologe. Er ist Mitbegründer und Direktor der gemeinnützigen Stiftung Futurzwei und lehrt Transformationsdesign an der Europa-Universität Flensburg sowie Sozialpsychologie an der Universität Sankt Gallen. 2017 erschien die erweiterte Neuauflage seines Buchs „Transformationsdesign. Wege in eine zukunftsfähige Moderne" beim oekom verlag (zusammen mit Bernd Sommer).

Kontakt
Prof. Dr. Harald Welzer
E-Mail welzer@futurzwei.org

Und zwar bei Ihnen, unseren Autorinnen, Lesern, Unterstützerinnen und Abonnenten für die vielen tollen Artikel, die konstruktiven Diskussionen und die langjährige Treue. Ohne Sie gäbe es die *politische ökologie* nicht!

Die pö-Redaktion

Impressum

politische ökologie, Band 150
Geht doch!
Geschichten, die zum Wandel anstiften
September 2017
ISSN 0933-5722, ISBN 978-3-96006-020-8
Verlag: oekom Gesellschaft für ökologische Kommunikation mbH
Waltherstraße 29, D-80337 München
Fon ++49/(0)89/54 4184-0, Fax -49
E-Mail obermayr@oekom.de
Herausgeber: oekom e. V. – Verein für ökologische Kommunikation, www.oekom-verein.de
Chefredaktion: Jacob Radloff (verantwortlich)
Stellvertr. Chefredaktion: Anke Oxenfarth
Redaktion: Helena Obermayr (CvD)
Redaktionelle Mitarbeit: Lena Bersch (lb), Janna Einöder (je), Veronika Otto, Katharina Schober (ks), Daniel Weber (dw)
Schlusskorrektur: Claudia Mantel-Rehbach
Gestaltung: Lone Birger Nielsen,
E-Mail nielsen.blueout@gmail.com
Anzeigenleitung/Marketing:
Janine Gaumer, oekom GmbH (verantwortlich)
Fon ++49/(0)89/54 41 84 35
E-Mail anzeigen@oekom.de
Bestellung, Aboverwaltung und Vertrieb:
InTime Media Services GmbH
Zeitschriften oekom, Postfach 1363, D-82034 Deisenhofen
Fon ++49/(0)89/858 53 -570, Fax -62570
E-Mail oekom@intime-media-services.de
Vertrieb Bahnhofsbuchhandel:
VU Verlagsunion KG, Meßberg 1, D-20086 Hamburg

Druck: Kessler Druck + Medien,
Michael-Schäffer-Str. 1, D-86399 Bobingen
Gedruckt auf 100%igem Recycling-Papier, zertifiziert mit dem Blauen Engel RAL-UZ 14
Bezugsbedingungen: Die politische ökologie erscheint vier Mal im Jahr. Ein Abonnement kostet für Institutionen und Organisationen 117,95 €, für Privatpersonen 64,70 € und für Studierende ermäßigt (gegen Nachweis) 53,50 €. Alle Preise zzgl. Versandkosten. Die *politische ökologie* ist auch als kombiniertes Print/Online-Abo oder als reines Online-Abo erhältlich. Das Abonnement verlängert sich automatisch, wenn es nicht 6 Wochen vor Ablauf schriftlich gekündigt wird. Einzelheftpreis: 17,95 € zzgl. Versandkosten. Konto: Postbank München, IBAN DE59 7001 0080 0358 7448 03; BIC PBNKDEFF. Nachdruckgenehmigung wird nach Rücksprache mit dem Verlag in der Regel gern erteilt. Voraussetzung hierfür ist die exakte Quellenangabe und die Zusendung von zwei Belegexemplaren. Artikel, die mit dem Namen des Verfassers/der Verfasserin gekennzeichnet sind, stellen nicht unbedingt die Meinung der Redaktion dar. Für unverlangt ein gesandte Manuskripte sind wir dankbar, übernehmen jedoch keine Gewähr.
Bildnachweise: Titel und S. 19, 62, 118, 122, 152, 153 Fotolia; S. 20 K. R. Baum; S. 22 Richard Pestemer; S. 26 Sunviva, Culinaris, Convento C, Spiess; S. 30 GenderCC; S. 38 Cecosesola; S. 42 Deadline Architekten; S. 46 Christa Müller; S. 50 Peter C. Theis; S. 54 Kathrin Harms/Misereor; S. 58 Parosphromenus Project; S. 68 RE-Charge Tacloban; S. 72 Mobisol; S. 76 Thomas Stephan/BN; S. 80 Zukunftsstiftung Landwirtschaft; S. 88 Save Our Seeds; S. 92 Global Fishing Watch; S. 96 Nik Geiler; S. 100 Global Alliance for the Rights of Nature; S. 110 Ostmost; S. 114 Hermann Bredehorst/Brot für die Welt; S. 130 Fair Cap; S. 134 Solmove; S. 138 Ariane Breyde; S. 144 Fairvelo

Die Deutsche Nationalbibliothek – CIP-Einheitsaufnahme. Ein Titeleinsatz für diese Publikation ist bei der Deutschen Nationalbibliothek erhältlich.

oekom e.V. – Verein für ökologische
Kommunikation (Hrsg.)

Geht doch!

Geschichten, die zum Wandel anstiften

politische ökologie | **Die Reihe für Querdenker und Vordenkerinnen**

Die Welt steht vor enormen ökologischen und sozialen Herausforderungen. Um sie zu bewältigen, braucht es den Mut, ausgetretene Denkpfade zu verlassen, unliebsame Wahrheiten auszusprechen und unorthodoxe Lösungen zu skizzieren. Genau das tut die politische ökologie mit einer Mischung aus Leidenschaft, Sachverstand und Hartnäckigkeit.

Die *politische ökologie* schwimmt gegen den geistigen Strom und spürt Themen auf, die oft erst morgen die gesellschaftliche Debatte beherrschen. Die vielfältigen Zugänge eröffnen immer wieder neue Räume für das Nachdenken über eine Gesellschaft, die Zukunft hat.

Herausgegeben wird die *politische ökologie* vom
oekom e.V. – Verein für ökologische Kommunikation.

Vorschau
Asien – Wachstum und Grenzen

politische ökologie (Band 151) – Dezember 2017

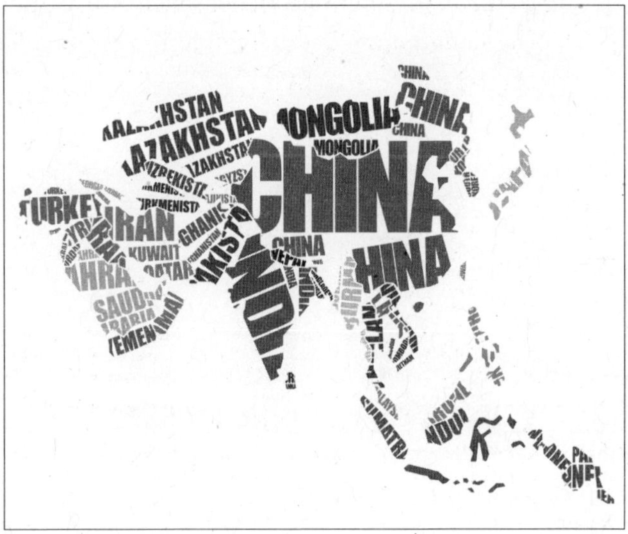

Es gibt gute Gründe, Asien den „Kontinent der Zukunft" zu nennen. Wie diese Zukunft aussehen könnte, darüber gehen die Meinungen auseinander. Schließlich ist Asien vor allem durch Heterogenität geprägt und die 47 Länder stehen zum Teil vor sehr unterschiedlichen politischen, wirtschaftlichen, sozialen und ökologischen Herausforderungen.

In ihrer Asien-Ausgabe stellt die *politische ökologie* nicht nur Unterschiede heraus, sondern zeichnet allgemeine Entwicklungen nach. So fragt sie danach, was die stärker werdenden Auswirkungen des Klimawandels für die zukünftigen Lebensbedingungen der Menschen in Asien bedeuten oder welche Folgen die rapide Urbanisierung für die Stadt-, aber auch die Landbevölkerung hat. Die Autor(inn)en erklären unter anderem, wo und wie Demokratie, Frieden und Versöhnung zu fördern sind, denn klar ist: Es braucht Freiheiten der Zivilgesellschaft in der Zukunft, um soziale und ökonomische Fehlentwicklungen korrigieren und stoppen zu können.

Die politische ökologie (Band 151) erscheint im Dezember 2017 und kostet 17,95 €

ISBN 978-3-86581-851-5